KB264906

대한민국 인맥의 달인

박희영의

유머경영

대한민국 인맥의 달인
박희영의 **유머경영**

초판 1쇄 발행 2012년 5월 30일
초판 2쇄 발행 2012년 6월 18일

지은이 박희영 · 발행인 권선복 · 편집주간 오성용 · 디자인 최새롬 · 전자책 박소은 · 마케팅 서선교

발행처 도서출판 행복에너지 · 출판등록 제315-2011-000035호 · 주소 서울특별시 강서구 화곡동 24-322

전화 0505-666-5555 · 팩스 0303-0799-1560 · 홈페이지 www.happybook.or.kr · 이메일 ksb6133@naver.com

ISBN 978-89-97580-12-5 13800

Copyright ⓒ 박희영, 2012

* 이 책은 저작권법에 따라 보호받는 저작물이므로 무단전재와 무단복제를 금지하며, 이 책의 내용을 전부
  또는 일부를 이용하시려면 반드시 저작권자와 〈도서출판 행복에너지〉의 서면 동의를 받아야 합니다.
* 잘못된 책은 구입하신 곳에서 바꾸어 드립니다.

도서출판 행복에너지에서는 독자 여러분의 아이디어와 원고 투고를 기다립니다. 책으로 만들기를 원하는 콘텐츠가 있으신 분은 이메일이나 홈페이지를 통해 간단한 기획서와 기획의도, 연락처 등을 보내주십시오. 행복에너지의 문은 언제나 활짝 열려 있습니다.

대한민국 인맥의 달인

박희영의

유머경영

도서
출판 행복에너지

추천사

　박희영 회장을 한번이라도 만나본 사람들은, 그가 27년의 공직생활을 했던 사람이라는 사실을 쉽게 믿지 못한다. 어느 자리에서든 사람을 즐겁게 하고 스스로를 낮추면서 웃음을 주는 그의 모습에서, 딱딱하고 제도적인 공직자의 모습을 연상하기가 어렵기 때문이다.

　그의 사무실 책상 위에는 한 무더기의 책이 쌓여 있고 한쪽 벽면으로는 수많은 공로패, 위촉패, 수료패 등이 자리하고 있다. 그의 인맥 네트워크와 성공한 CEO의 면면을 보여주는 실적물들이다. 바쁜 일정에 24시간이 모자라는 사람이 도대체 언제 유머 책을 준비했는지 그저 놀랍고, 또 한편으로 젊은이와 같은 패기와 열정을 가진 박희영 회장답다는 생각도 든다.

　그는 항상 입버릇처럼 "일도 즐겁게 즐기며 해야 합니다. 경영자나 리더는 뒷바라지하는 사람입니다. 구성원뿐만 아니라 고객들을 먼저 배려할 줄 알아야 하며 권위와 카리스마를 앞세우기보다는 부드럽고 재미있게 상대를 편안하게 대하며 조직의 구성원과 고객의 충실한 심부름꾼으로 역할을 할 수 있어야 합니다."라고 말한다. 그는 이러한 말과 마인드를 실제로 실천하고 있다. 그래서인지 사람들은 그의 얼굴을 보면 함박웃음을 터트린다.

　항시 권위와 무게를 잡기보다는 상대와 조직을 위해 스스로를 낮추고, 보다 많은 이들과 눈높이를 맞춰주는, 항상 웃음을 주고 사람들을 북돋아 주는 박 회장의 책 출간을 다시 한 번 진심으로 축하한다. 보다 많은 분이 그의 유머에 웃고 행복해지기를 진심으로 바란다.

예술의 전당 이사장 / 문화체육관광부 장관(전) 유인촌

추천사

박희영이라는 세 글자 앞에는 항상 '웃음과 희망을 전하는 엔돌핀 회장'이라는 수식어가 붙는다. 혹자는 개그맨보다 더 웃긴다는 말도 하고 누군가는 그냥 얼굴만 봐도 웃게 된다고 평한다. 이처럼 뛰어난 유머감각은 대체 어디서 나온 걸까? 나는 늘 궁금했다. 그러다 이번 책을 받아들고서 그 궁금증이 풀렸다. 남들에게 주어진 24시간이 그에게는 48시간이라도 되는 걸까? 참으로 대단한 사람이다.

대학총장협의회 회장, 상명대학교 총장(전) **이헌청**

박희영 원장을 오랫동안 봐왔지만 한 번도 인상을 쓰는 것을 보지 못했다. 늘 화통한 인사를 건네고 자신을 낮추는 모습을 보노라면 '인맥의 달인'이라는 수식어가 아깝지 않다 생각하곤 했다. 그의 사업이 늘 번창하는 이유, 그리고 많은 분들이 그를 좋아하는 이유를 이번 책을 통해 또 한 번 더 절실히 깨닫는다.

(주)LG전자 대표이사 **권희원**

당신이 한 조직을 이끌고 있는 리더라면 먼저 이 책을 읽어라. 그리고 하나씩 실천해보라. 당신도 박희영 원장같이 될 수 있을 것이다. 더 이상의 말은 필요 없다.

(주)삼구아이앤씨 회장 **구자관**

추천사

어느 것 하나 못해내는 것이 없는 그가 또 일을 저질렀다. 큰일 났다. 이제 유머강의까지 해야 할 판이다. 모습을 떠올리면 바로 웃음이 동시에 나오는 사람 박희영. 그가 나타나면 배꼽을 꼭 잡고 웃을 준비부터 해야 할 것이다.

한국체육대학교 총장 김종욱

"사업은 잘 되시나?"

"네! 늘 잘 됩니다."

박 회장은 늘 긍정적이다. 그리고 늘 활기가 넘치고 호탕하게 웃는다. 그 에너지의 원천이 어디인지 늘 궁금했는데 이 책을 통해 그 진원지를 파악할 수 있었다. 그것은 바로 유머였다. 리더가 웃고 재미가 있으니 조직의 생산성이 올라가는 것은 당연한 일! 이 시대의 모든 리더들이 읽고 배워야 할 책이다.

서울대학교 교수 / 중앙도서관장(전) 김종서

인간관계로 인해 고통 받는 사람이 있다면 이 책을 서너 번만 읽어볼 것을 권장한다. 당신이 왜 갈등을 겪었는지를 알게 될 것이다. 박희영 사장의 살아있는 처방과 조언으로 놓치고 있던 웃음을 되찾아 보라.

패션그룹형지(주) 회장 최병오

추천사

나이를 먹어서도 아이의 웃음을 잃어버리지 않는 사람. 미래를 내다보며 현재의 위치를 살피며, 결코 과거를 잊지 않는 사람. 이런 사람을 보면 항상 기분 좋은 웃음이 난다. 박희영 사장은 바로 그런 사람이다.

해피랜드 F&C 회장 **임용빈**

언제나처럼 내게 전화 한통이 걸려왔다.

"제 책이 나왔으니 추천의 글 한 줄 써주십시오."

"무슨 책?"

"유머 책입니다."

웃음이 먼저 나왔다. 대단한 사람! 늘 종이부터 꺼내 남들의 이야기를 적더니만 드디어 사고를 쳤군! 내가 할 수 있는 한마디다.

한국신지식인 협회 회장 **최세규**

풍부한 유머들은 언제 어디서나 활용할 수 있다. 이 책을 통해 얻을 수 있는 수확이 실로 크다고 생각된다. 오늘 당장 회식자리에서 건배사가 필요하다면, 당장 펼쳐보라. 스스로 남을 즐겁게 하는 능력을 발휘할 수 있을 것이다.

(주)카네기 연구소 대표이사 **최염순**

추천사

1분의 웃음은 10분간의 자전거 타기와 같다!

이 책을 읽으며 30년에 걸친 각계각층 대상의 대중강의를 돌이켜보고는, 그동안 유머의 비중이 얼마나 나의 강의력에 그리고 힘차게 지칠 줄 모르게 강의하는데 또한 나의 건강에 도움이 되어왔던가를 새삼 실감했다. 유머는 나를 살리고, 가정을 화목하게 하고, 직장 생활을 부드럽게 하고, 사회를 융합하는 데 핵심적인 요소라는 말에 전적으로 동의한다. 더구나 다양한 유머를 구사하는 기술을 구체적으로 보여주고 있어 더욱 마음에 든다.

국가발전미래교육협의회 안보전문교수 **김기철**

구절구절 담겨있는 유머러스함의 향연, 그 행보와 웃음의 능선, 그리고 계속되는 재미난 에피소드들 덕분에 몇 시간이나 정신없이 집중했습니다. 방금 미소 속에 마지막 책장을 덮었습니다. 진정성이 묻어나는 웃음, 부러움과 박수와 존경을 저자에게 보냅니다.

동원메이드건설(주) 대표이사 **이봉재**

요즘처럼 모두들 어렵다 힘들다 할 때 많은 분들에게 위로가 되고 에너지가 되는 책이다. 박희영을 따라 모두 웃자. 대통령도, 국민도, 정치인들도 모두. 그래야 나라도 산다.

(주)한덕엔지니어링 회장 **한원덕**

추천사

세상에는 웃긴 사람도 많고 웃긴 이야기도 많다. 그러나 이 책만큼 웃긴 책은 이전에는 없었다. 유머는 타이밍이다. 적재적소의 시기에 적절한 유머코드를 읽고 이를 활용해야 한다. 이 책에 주제별로 상세하게 분류되어 있는 유머·재담을 제때에만 활용한다면, 평소에 딱딱하고 실없고 재미없다는 평을 듣는 사람도 얼마든지 근사한 사람으로 탈바꿈 할 수 있을 것이다.

삼화통신(주) 대표이사 **윤태호**

지금까지 많은 결혼식을 가봤지만, 박희영 사장의 경우처럼 축하객이 수천여 명을 넘는 것을 본적이 없다. 박희영 사장이 어떤 사회생활을 했는지를 실감할 수 있는 대목이다. 이 책에는 그의 이런 사회생활의 비결이 고스란히 담겨있다. 생산성을 올리고 인간관계를 변화시킨 유머감각. 마이크를 잡고 그 수많은 군중들을 완벽하게 사로잡던, 그리고 한참 동안 웃게 만들었던 그의 모습이 떠오른다.

조선일보 / 에듀케이션 대표이사 **양근만**

책 한 권에서 재미있는 유머를 많이 얻기는 힘들다. 그런 의미에서 이 책은 마치 수십 권의 책을 하나로 요약해 놓은 것처럼 다양하고 쓸 만한 유머들로 무장되어있다.

유머플러스 소장 **박인옥**

남들이 항상 묻는다.

그 유머 자료 어디서 났어요? 어떻게 하면 재미있는 리더가 될 수 있나요? 그 자료 저에게 적어주시면 안되나요? 등등.

나는 엄숙하고 무거운 자리가 불편하다. 그래서 어느 순간부터 내가 먼저 웃기 시작하고, 무게를 잡기보다 조금 부족한 듯 망가지는 것도 서슴지 않았다. 일을 할 때는 무섭게 하고 사업도 빈틈없이 한다. 나는 남이 하기 싫어하는 일에 솔선수범하는 습관을 가지고 있기에 어떤 모임에서든지 내게 주어진 역할을 맡는 데 대해 빼는 일이 없다. 그러다 보니 많은 사람을 접하게 되고 그분들을 즐겁게 해주기 위해 유머는 내게 더욱 필수가 되었다. 하는 일마다 많은 분들이 참석하게 되고 호응을 하는 이유를 물으면 난 이렇게 대답한다.

"매사에 적극적으로 대응해야 합니다. 어차피 해야 할 일이고 어느 조직이든 그 조직의 일원이 되었으면 스스로 '리더'가 되어야 한다고 생각합니다. 그리고 이러한 리더는 어깨에 힘을 주고 유세를 부리기 위한 직책이 아닌 심부름꾼의 역할을 하는 자리라고 봅니다. 그래서 저는 어떤 모임에 참여하게 되면 그 모임의 한 분 한 분이 서로 어색해 하기보다 마음을 열고 참여하게 만듭니다. 인간관계에 가장 필요한 유머와 웃음을 활용하는 것이 비결입니다."

상대방이 웃지 않더라도 먼저 웃고, 마음을 열면 된다. 스트레스는 만병의 근원이고 건강의 적이다. 나는 스트레스를 받을 때마다 우선 웃는다. 그리고 생각한다. '저럴 수밖에 없었겠구나.' '나아지겠지.' 그렇게 마음이 진정되면 얼른 재미있는 유머를 떠올린다. 방금 전의 고민과 스트레스는 어느새 저만치 가 있는 것을 느끼게 된다. 부족하고 부끄러운 책을 내놓으면서 내겐 단 한 가지 바람뿐이다. 경제가 어렵고 힘들다지만 더 어려웠을 때를 생각하면, 지금은 그래도 나은 거라고 위로 삼으며 유머를 통해 많이 웃으시라는 것! 우리 모두 웃자. 그리고 또 웃자. 우리 뇌는 진짜와 가짜를 구별하지 못하기 때문에 가짜로 웃어도 엔돌핀이 나온다. 그러니 슬퍼도 웃고 열 받아도 웃고 마구 웃자. 웃자! 웃자!

박희영

목차

I 사람은 왜 웃는가?

II 유머를 전달하는 방법

III 유머의 종류

Humor

사람은 왜 웃는가?

"사람은 왜 웃는가?"quid rides, 퀴드 리데스

로마 시인 호라티우스가 남긴 풍자시의 한 구절이다.

"이름만 바꾸면 당신 이야긴데."mutato nomine de te fabula narratur, 무타토 노미네 데 테 파불라 나라투르

당신을 풍자하는데 당신이 왜 웃는가? 하기야 남들이 나를 두고 웃는다면 내가 웃을 일이 아니긴 하다.

철학자 베르그송은 『웃음』이란 책에서, 경직된 것에 짓눌린 우리의 숨통을 틔워주는 것은 '웃음'이라고 했다.

그렇다면, 우리는 왜 웃는가?

인간은 대개 일생 동안 50만 번 이상 웃는다고 한다. 인간은 왜 이렇게 자주 웃는 것일까? 그리고 뇌는 어떻게 웃음을 만들어내고 웃음은 뇌에 어떤 영향을 줄까?

1990년대 후반부터 웃음에 대해 연구해온 메릴랜드 대학의 로버트 프로빈Robert Provine에 따르면, 웃음은 유머나 개그에 대한 본능적인 신체 반응이 아니다. 오히려 웃음은 사회적인 상호작용과 밀접하다. 사람은 혼자 있을 때보다 다른 사람들과 함께 있을 때 30배 가량 더 웃는다.

대화에서 웃음이 터져나오는 순간에 말은 실제로 웃기는 말이 아닐 때가 많다. 고작 15% 정도만 웃기는 농담에 해당한다. 또 두 사람이 이야기할 때 말하는 사람이 듣는 사람보다 46% 정도 더 웃는다. 사람은 웃기는 말과 상황에도 웃지만, 그보다 더 근본적인 이유는 다른 사람과 대화를 나누고 서로를 연결하는 감정적 배경을 만들기 위해 웃는다.

인간은 웃을 줄 아는 유일한 동물?

인간이 지구상에서 유일하게 무리지어 웃어대는 동물임에는 틀림없지만, 웃을 줄 아는 유일한 동물은 아니다. 다윈은 많은 종류의 원숭이들이 기쁠 때 특정한 소리를 반복적으로 낸다고 기록한 적이 있다. 영화 「타잔」에서 보듯 침팬지는 다양한 감정을 표현할 줄 안다. 실험실의 유인원들은 종일 서로 간질이며 웃는 데 열중한다. 단지 그들은 사람들과 다른 웃음소리를 내기 때문에 우리가 잘 모를 뿐이다.

유인원뿐 아니라 실험실의 쥐들도 웃는다. 실험실의 쥐들은 연구자들이 간질이면 손가락을 장난스럽게 물면서 인간이 들을 수 없는 초음파로 재잘거린다. 간질이기를 좋아할수록 더 크게 소리를 낸다. 또 '개가 웃을 노릇'이라는 말도 있는데 실제로 개들도 헉헉거리며 웃는다. 이처럼 일부 포유류들은 표현의 차이는 있어도 웃는 것을 관찰할 수 있다. 공통적인 것은 웃음의 사회성이다. 흔히 감정의 주관적이고 내적인 면만을 인식하기 때문에 웃음을 즐거움의 표현으로만 생각하기 쉽지만 웃음은 사회적인 감정의 표현이자 도구다.

간질이기 좋아하는 뇌

부모와 어린 자식 사이에서 웃음을 가장 쉽게 만들 수 있는 방법은 간질이기다. 부모의 손길을 느낀 아이는 그야말로 환한 표정으로 특유의 웃음소리를 내고 부모는 기뻐 어쩔 줄 모른다. 사람의 경우 간질이기는 청소년이 될 때까지도 계속된다. 침팬지의 경우는 전 생애에 걸쳐서 일어난다.

간질이기와 웃음은 가족과 무리에서 애정어린 친근감을 유지하는 중요한 역할을 한다. 사람은 태어난 뒤 2~3개월 내에 소리를 내어 웃을 수 있다. 또한, 소리 없는 웃음은 생후 며칠도 되지 않아 시작되기 때문에 많은 학자들이 웃음은 인간의 뇌에 유전적으로 인식된 것이라고 생각한다.

프로빈을 비롯한 많은 뇌과학자들은 간질이기 흉내에서 인간의 복잡한 웃음과 유머가 발전했다고 본다. 이를 드러내며 웃는 표정은 유인원을 포함해서 대다수 동물에게는 위협과 경계의 표정이다. 그러나 인간의 웃는 표정은 반대로 자신과 타인에 대해 위협이 전혀 없다는 것의 표현이다.

침팬지와 아이들은 간질이는 동작만 취해도 웃는다. 전혀 위협적이지 않은 상태임을 서로 아는 상황에서 가짜로 위협을 하는 것이고 간질이기 흉내를 내는 것이다. 인간이 진화하면서 언어가 발달하고 웃음소리도 변하면서 더욱 복잡하게 변화한 것이 현재 인류의 웃음이다.

뇌 속의 웃음보

우리가 웃을 수 있는 것은 우리의 뇌가 웃을 수 있는 회로를 갖추고 있기 때문이다. 우리는 인간의 어떤 기능에는 반드시 그에 해당하는 뇌의 부분들이 있다는 것을 안다. 웃음과 관련된 뇌의 부위는 아직 완전히 밝혀지지는 않았지만 차츰 드러나고 있다.

먼저 뇌의 '웃음보'라고 할 수 있는 부분이 있다. 캘리포니아 대학의 프리드 박사 연구팀은 16세 소녀의 간질 발작 부위를 찾기 위해 전기 자극을 가하던 중 특이한 현상을 접했다. 좌측 전두엽에서 1인치 크기의 부위를 자극하면 어떤 상황이든 웃는 것을 발견한 것이다.

웃겨서 웃는 것이 아니라 먼저 웃고 그 이유를 찾는 것처럼 보였다. 이 부위는 운동을 계획하고 실행하는 데 중요한 역할을 하는 보완운동 영역supplementary motor area에 속한다. 프리드 박사에 따르면 웃음의 실행단계인 운동 영역에 해당하는 부분이다.

변연계(변연계/대뇌변연계 : 생존과 관련된 반응에 대한 감정 및 기억과 관련된 뇌의 일부분)도 웃음에서 빼놓을 수 없는 부위다. 변연계에 속한 해마와 편도, 시상 사이의 연결은 친근감, 사랑, 애정, 기분의 표현에서 중요한 역할을 담당한다. 시상하부, 특히 가운데 부분은 크고 조절할 수 없이 터져 나오는 웃음을 만드는 데 중요한 역할을 한다.

웃음은 뇌 곳곳에서 벌어지는 잔치

웃음에는 변연계, 운동 영역 외에도 여러 영역이 함께 작용한다. 자신이 웃는 것을 떠올려보자. 가령 코미디 프로그램을 본다고 하자. 출연자의 동작, 말장난 같은 것을 눈과 귀로 듣고 해석한다. 웃기는 대목에서 안면의 근육들이 움직이고 입을 벌려 소리를 낸다.

배를 잡고 웃으면 복근뿐 아니라 횡격막이 크게 움직인다. 눈물까지 난다. 감각신호를 받아들이고 해석하는 시각과 청각피질, 말의 뜻과 소리를 구분해내는 언어 영역, 기억과 관련된 영역들, 몸의 무의식적인 생리작용을 관장하는 뇌간 등이 관여한다.

좌뇌엽의 청각 영역에서는 주로 농담의 말과 구조를 분석하고 우뇌엽에서는 농담을 알아듣는 지적인 분석을 수행한다.

1999년 토론토 대학 연구팀의 연구에 따르면 우측 전두엽이 손상된 환자는 논리에서는 문제가 없지만, 유머감각이 매우 떨어졌다. 또 농담의 종류와 관계없이 복내측 전전두엽 피질medial ventral prefrontal cortex은 항상 활동했고 웃기는 정도가 클수록 활동량은 증가했다. 이 부위에서 농담이 얼마나 웃기는지 판단하는 것이다. 이처럼 웃음은 주로 변연계에 집중된 다른 감정들에 비해 많은 영역들의 종합으로 나타난다.

웃음은 뇌를 밝힌다

웃음이 건강에 좋다는 것은 오랫동안 잘 알려진 사실이다. '웃음이 가장 좋은 의사'라는 말까지 있을 정도다. 웃음은 횡격막과 배, 호흡기, 얼굴, 다리와 등의 근육을 빠짐없이 운동시킨다. 그래서 에어로빅과 같은 효과를 내기도 한다. 게다가 웃음은 면역력도 높인다. 혈소판을 증가시켜 동맥경화를 일으키고 혈압을 높일 수 있는 스트레스 호르몬은 웃을 때마다 억제된다. 또한 웃을 때는 암과 세

균을 처리하는 NK세포, 감마 인터페론, T세포, B세포 등이 증가한
다. 호흡기가 청소되고 침샘에서 분비되는 면역단백질의 농도도 높
아진다.

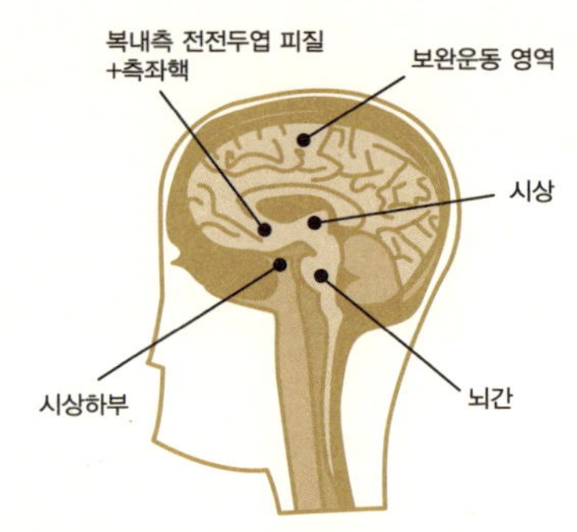

이외에도 웃음이 몸에 좋은 점은 많지만 최근 주목받는 것은 바로 뇌와 감정에 대한 효과다. 웃음은 측좌핵nucleus accumbens이라고 불리는 뇌의 보상회로 부분을 자극한다. 바로 이 부분이 활성화되고 도파민의 농도가 올라가기 때문에 카테콜아민과 스트레스 호르몬이 감소하고 즐거운 감각이 오는 것이다.

우리는 웃을 때마다 보상을 받는다. 즉, 즐거워서 웃는 것이 아니라 웃어서 즐거울 수 있다는 것이다. 루이빌 대학의 클리포드 컨Clifford Kuhn 박사의 말대로 일부러 웃는 웃음도 자연스러운 웃음과 똑같은 효과를 내는 이유는 이 때문이다. 우리의 뇌가 역으로 행동에서 감정을 느끼고 스스로 합리화하며 이유를 만들어내기 때문이기도 하다. 또한 웃음은 고통을 느끼는 회로들의 활동을 약화시키고 우울함을 비롯한 부정적인 감정 반응을 차단하는 효과도 있다.

몸과 뇌의 에어로빅인 웃음의 효과 때문에 '웃음요법'은 효과가

좋은 치료법이자 교육법으로 인정받고 있다. 국내에서도 웃음치료사가 생기고 기업에서도 웃음요법을 도입하고 있다. 김진희 교사를 비롯한 뇌교육 교사들과 경기도 교육청은 교육현장에서 학생들의 감정조절과 집중력, 학습능력 향상과 관련해서 웃음 수업을 도입하고 있다.

웃으면 세상도 함께 웃는다

두뇌의 웃음 회로에서 빼놓을 수 없는 것이 바로 미러 뉴런이다. 미러 뉴런은 어떤 특정 동작을 할 때뿐만 아니라 동작을 보거나 소리를 들을 때도 함께 활성화되는 뉴런이다. 다른 사람의 동작을 쉽게 따라 하는 것이나 다른 사람의 감정을 잘 공감하는 것도 이 때문이라고 추측된다. 웃음에서도 마찬가지다. 우리는 다른 사람이 웃는 것을 보면 저절로 따라 웃는다. 또 지난해 말 발표된 소피 스콧 Sophie Scott 등의 연구에 따르면 웃음소리만 들어도 우리의 뇌는 웃을 준비를 한다고 한다. 이처럼 시각과 청각의 미러 뉴런은 웃음과 긍정적 감정의 전염성을 설명해준다.

물론, 웃음이 항상 긍정적일 수는 없다. 때로는 살인자의 미소나 다른 이를 놀릴 때의 비웃음처럼 공격의 수단으로 사용되기도 한다. 공황상태에서 제어할 수 없이 터져나오는 웃음처럼 어두운 면도 있다. 그러나 이것은 웃음을 위한 뇌의 회로가 본래와 다른 용도로 반응하는 것일 때가 많다. 건강한 뇌와 몸을 가진 사람은 그만큼 많이 웃고 적절할 때 웃는다. 여성들이 유머감각이 있는 남성을 선호하는 통계도 진화생물학과 뇌의 관점에 본다면, 가장 우수한 배우자를 선택하기 위한 당연한 판단인지도 모른다.

Humor

Humor

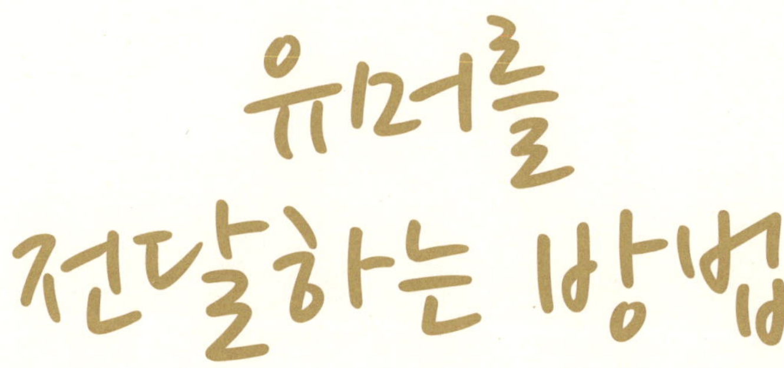

유머를 전달하는 방법

31 유머감각, 경험의 반복을 통해 키울 수 있다

무미건조한 사무실 분위기를 부드럽게 만들어주는 이 팀장, 어색한 상사와의 식사 시간에 웃음꽃을 피게 하는 박 대리, 서먹서먹한 가족 동반 모임에 말랑말랑한 입김을 불어넣는 회장 아빠. 굳게 닫혔던 입이 그 사람 앞에서는 절로 열리고, 차갑게 얼어붙은 경계심을 녹아내리게 해주는 이들의 공통된 무기는 바로 '유머'다. 따뜻한 유머는 사람의 마음을 움직이는 원동력이자 긍정의 힘을 발산시키는 원천 역할을 한다. 나에게는 2% 부족한 유머 감각, 지금이라도 키워보고 싶다면?

유머감각,
경험의 반복을 통해 키울 수 있다

미래를 예측하는 전문가들은 유머를 미래의 권력이라 본다고 한다. 성공한 사람일수록 적재적소에 유머를 잘 활용하는데, 학습능력을 발휘하는 좌뇌와 감성을 지배하는 우뇌가 조화롭게 발달된 것이 유머리스트들의 특징이다. 다행스러운 건 유머도 학습이 가능하다는 점이다. 유전적으로 탁월한 유머 감각을 지니고 태어난 사람도 있지만, 경험의 반복을 통해 뇌가 변화될 수 있다고 한다. 그러기 위해서는 긍정적인 마음과 따뜻한 시각으로 세상 보는 눈을 갖는 게 가장 먼저 할 일이다.

집안 분위기도 유머감각 형성에 영향을 미치는 요인이다. 웃음이 많은 부모 밑에서 자란 아이들은 자연스레 유머러스한 기질을 터득하게 된다. 중국의 소설가 겸 문명비평가 린위탕은 평생 동안 해학과 유머가 넘치는 글을 수없이 발표해 '유머대사'라고 불렸다. 그의 유머감각은 항상 아이들과 장난치고 우스갯소리를 한 그의 아버지가 만들어준 유머 넘치는 교육환경에서 형성되었다고 한다.

재미있는 얘기엔 활짝 웃어주는 센스! 직장인 오 씨(40)는 첫 직장에서 팀 한 번 옮기지 않고 16년째 근속하고 있다. 팀원들의 유머감각이 힘든 직장생활을 이겨내게 해주는 비타민 역할을 한다며 오 씨는 이처럼 말한다. "팀원들과 함께 있으면 딱딱한 회의를 할 때도 웃음소리가 끊이지 않는다. 덕분에 선후배 관계도 부드럽고 의사소통도 원활하다. 화기애애한 분위기 속에서 특별한 소속감이 생겨나는 것 같다."

재능과 더불어 유머감각을 갖춘 사람 주위에 사람이 많은 게 요즘 분위기다. 모임마다 회장을 떠맡는 최 씨의 인기 비결은 유머에 있다. "정기적으로 만나는 모임인 만큼 만날 때마다 새로운 유머 업데이트에 노력한다. 유머는 다방면으로 경험을 쌓을수록 자연스럽게 나오는 것 같다. 개그맨들이 끝없이 책을 읽고 신문을 많이 보는 이유를 알 것 같다."

유머감각을 키우기 위해서는 주위 사람들의 반응도 중요하다. 누군가 재미있는 이야기를 하면 그에 맞는 반응을 보여주자. 적극적인 반응은 자신감을 키우는 큰 힘이 된다. 물론 스스로도 잘 웃어야 한다. 개그 프로그램을 시청해도 좋고, 하루 일과를 공유하며 웃음코드를 찾아도 좋다. 웃음을 삶의 자연스러운 일상으로 만드는 것이 유머리스트가 되는 첫걸음이다.

유머의 가장 중요한 역할은 친밀감을 높여주는 것이므로 이론적인 기술보다도 듣는 사람을 편하게 하는 말투와 웃음, 내용 등을 포함하여 전하는 사람의 미소와 마음이 상대방에게 그대로 전해져야 한다.

상대방에게 꼭 맞는, 사람이 진정으로 기뻐하며 웃을 수 있는 유머를 구사하는 것이 중요하다.

요즘 신세대들은 자기와 마음이 통하는 사람을 만났을 때 '코드가 맞는다'는 말을 사용한다. 비단 사람뿐만이 아니라, 먹으면 유달리 기분이 좋아지고 소화가 잘 되는 음식이나, 특별히 더 잘 어울리는 옷이나 장신구, 귀에 잘 들어오는 음악 등에 대해서도 코드가 맞는다고 표현을 한다.

유머도 마찬가지다. 어떤 이야기는 한 번 듣고 난 후 두고두고 생각만 해도 재미있는가 하면, 어떤 이야기는 웃음이 나오지 않을 수도, 혹은 오히려 불쾌할 수도 있다. 아무리 웃긴 이야기라 하더라도, 상대방의 입장에서 받아들이기 어렵다면 성공하지 못한다.

먼저 상대방의 정서를 파악하고 성격을 관찰하여 어떻게 접근할 것인지를 결정한 후에 그 사람의 유머코드를 읽어낼 수 있어야한다. 경우에 따라서 상대방이 유머라고 한 말에 대해 마음에 상처를 입는 사람도 있기 때문이다. 이것은 받아들이는 사람의 그릇이크거나 작거나의 문제가 아니다. 바로 '코드'가 맞지 않아 발생하는상황일 뿐이다.

먼저 상대방의 입장이 되어보라.

당신이 알고 있는 상대방의 처지를 생각하라. 잘 모를 경우, 인신공격적인 유머는 삼가는 것이 좋다. 아무리 막역한 사이라 할지라도 상대방에 대해서 완벽하게 다 섭렵하진 못한다. 당신이 미처챙기지 못한 큰일이나 과거, 사연들이 상대방에게 있을 수 있다.

상대방의 유머코드를 읽어라. 그리하여 상대방에게 꼭 맞는, 그사람이 진정으로 기뻐하며 웃을 수 있는 유머를 구사하라.

1. 일상을 유머의 소재로 삼으면 유머가 쉬워진다

첫 번째, 유머감각 있다는 이야기를 듣는 사람들은 상식이 풍부한 경우가 많다. 그들은 책도 많이 읽고 신문이나 시사 주간지까지꼼꼼하게 챙겨 읽는다. 이렇게 생활에서 찾아내는 유머가 빛이 나는 법이다.

두 번째, 칭찬도 반복해서 들으면 곧이들리지 않는 법이다. 그런데, 같은 유머를 되풀이해 듣는다면 웃음이 나오지 않을 뿐더러 나중엔 짜증이 치밀 수도 있다. 주의하라! 한곳에서 같은 유머를 두 번 이상 사용하지 말 것.

　세 번째, 다른 이와 대화를 하다 보면 상대방이 하는 이야기가 어디선가 들어본 이야기인 경우가 있다. 우리는 듣고 잊어버린 이야기를 그 사람은 잘 기억해 두었다가 활용하는 것이다.

　네 번째, 비유를 잘 활용하는 것은 가장 간단하면서도 실천하기 용이한 방법이다. 단순히 웃기는 것만 아니라 비유를 활용하여 상대방을 칭찬하거나 격려함으로써 유머를 전할 수도 있다.

　다섯 번째, 책을 읽거나 어떤 이야기를 듣고 기억하는 것에는 한계가 있기 마련이다. 재미있다고 생각되는 것들은 간단하게 메모하며 목록을 만들어 보자. 반드시 유용하게 사용할 수 있을 것이다.

　여섯 번째, 앞의 여러 방법을 두루 섭렵했다 하더라도 상대방과 공감대가 형성되지 않는다면 그것은 유머라고 할 수 없다. 일상생활 속에서 상대방과 공감대가 형성될 만한 것을 활용하라.

2. 유머를 찾아서 직접 해 보아라

　유머의 핵심은 따뜻한 심성과 번뜩이는 아이디어에 있는 것이지 표정이나 몸짓에 있는 것은 아니다. 엄밀하게 말하면 그것은 유머의 전달효과를 높이기 위해 필요한 보조적인 수단에 불과하다. 하지만 유머는 태도, 동작, 표정 등 비언어로도 표현할 수 있다. 상황에 맞게 적절하게 사용하기만 하면 말로만 이루어지는 위트나 유머보다 훨씬 큰 효과를 가져 올 수도 있기 때문이다.

3. 가끔은 순수한 아이가 돼라

유머라고 꼭 스토리가 있을 필요는 없다.

한마디의 단어로도 상대를 웃길 수 있다. 경우에 따라 몸으로 놀란 표정을 지어 보라. 장난기 있는 말과 행동, 깜찍한 표정 등 찰리 채플린이 좋은 예가 될 것이다.

늘 같은 유머만 구사하는 사람이 있다. 그는 몇 년 전에 유행했던 말을 준비하고 있다가 기회만 있으면 어김없이 반복 사용해 먹는다. 처음엔 웃어 주기도 하고 반응도 보이지만 조금 지나면 그 사람과 대화하는 것 자체가 짜증이 날 때도 있다.

4. 유머도 신선함을 가져야 한다

남들이 흔히 쓰는 표현을 피하고 새로운 어휘와 표현방식을 찾아내어 자신의 창의성을 돋보이게 하여 말에 신선함을 주어야 한다. 그즈음의 문화코드와 유행을 파악하고 이해하는 것이 중요하다.

요즈음 매력 있는 소재 가운데 하나가 '패러디'라는 문화코드이다. 특히 최근엔 금기시되었던 영역까지도 거침없이 표현하기 시작하면서 패러디는 일종의 문화가 되었다. 영화포스터에 주인공 얼굴만 바뀌어도, 제목이 바뀌어도 그것을 바라보는 사람들의 폭소를 자아낸다.

이제 말로만 웃기는 시대는 지나갔다. 우리 주변에 유머의 소재는 무제한으로 널려있다. 현재 모든 사람들이 관심을 갖고 있는 부분을 신선한 감각으로 표현하고 따분하고 시대감이 떨어지는 유머를 과감히 버려라!

5. 예의와 자연스러움을 가져라

유머를 생각할 때 대부분의 사람들은 한 가지 치명적인 오류를 범한다. 그것은 바로 '웃기기만 하면 모두 유머'라는 착각이다. 물론, '유머⊂웃음'이라는 명제는 성립하지만 그 역은 성립하지 않는다. 아무리 웃기고 기발한 이야기라고 해도 기본적인 자질이 갖추어지지 않은 말투나 행동은 더 이상 유머라고 할 수 없다. 그 기본적인 자질은 바로 예의와 자연스러움이다. 예의는 삶의 질서를 유지해주는 규칙이다. 무례한 자의 웃음은 절대로 따뜻함을 전해줄 수 없는 웃음이다.

6. 상상력과 연상, 비교, 비유 등 새로운 발상이나 표현법을 활용하라

상상력, 연상, 비교, 비유 등은 유머의 기술을 발전시키기 위한 습관들이다. 늘 사물을 달리 보고 사고를 전환시키는 연습을 하라. 예의와 자연스러움은 기술적인 측면보다는 유머리스트의 올바른 자세를 갖추기 위해 필요한 습관이지만 유머감각을 키우는 가장 좋은 방법은 사고의 전환이라는 사실을 잊지 마라.

Humor
Humor

유머의 종류

리더들의 유머

유머는 무엇과도 비교할 수 없는 삶의 활력소이다.

리더에게 필요한 것이 포용력, 창의력, 설득력 그리고 삶을 긍정적으로 바라보는 여유라면, 그것을 가능하게 해주는 것은 유머다. 성공하고 싶고, 리더가 되어 많은 사람들에게 호감을 얻고 싶다면 유머감각부터 익혀라. 좋은 유머는 사람들 사이에서 때로는 해결사가 되고 때로는 회초리가 된다. 서로 낯을 붉혀가며 시시비비를 가리는 것보다 한마디의 적절한 유머로 분위기를 평정하라.

유명한 리더의 일화를 보면 한결같이 유머를 즐기고, 그 유머를 통해 고난을 극복해 왔으며 삶을 긍정적으로 변화시키는 데 활용해 왔음을 알 수 있다. 유머는 고난에서 견딜 수 있는 힘을, 삶을 긍정적으로 대처할 수 있는 능력을 키워준다는 것을 일화를 통해 알 수가 있다. 대통령도 유머 감각이 있어야 당선되고, CEO도 유머센스가 있어야 인기다. 이젠 유세장에 가지 않아도 TV로 안방에서 후보를 비교할 수 있는 시대다.

유머와 웃음이야말로 가장 중요한 비교 요소가 아닐까?

여기에다 대통령이 특유의 유머를 가지고 있다면, 경제가 아무리 어렵다고 하더라도 국민은 웃음을 찾을 수 있을 것이다.

유머로서 국민의 삶에 활력소를 주고 국민에게 비전을 제시해주자.

국민에게 희망과 용기와 비전을 주기 위해서는 당연히 자기 자신이 희망을 잃지 않는 낙관적인 심성을 지녀야 한다. 쉽게 절망하고 쉽게 포기하는 사람은 아무리 능력이 있다고 하더라도 유능한 리더가 될 수 없다. 리더에게 필요한 긍정의 힘은 유머리스트의 기본과도 일맥상통한다.

유머는 힘이고, 긍정이고, 배려다.
유머는 건강과 행복을 주는 이 시대의 선물이다.
삶의 활력을 주는 영양제 같은 유머를, 리더는 책임지고 조직에,
지도자는 국민에게, 끊임없이 나누어주자.

지도자가 되기 위한 10가지 법칙

1. 지도자는(리더) 용기가 있어야 한다.

2. 지도자는(리더) 엄격하게 스스로 통제해야 한다.

3. 지도자는(리더) 공정한 마음과 정의감이 있어야 한다.

4. 지도자는(리더) 결단력이 있어야 한다.

5. 지도자는(리더) 계획을 수립하고 실천하는 능력이 있어야 한다.

6. 지도자는(리더) 부하를 감싸고, 봉사해야 한다.

7. 지도자는(리더) 성격이 쾌활해야 한다.

8. 지도자는(리더) 인정이 있어야 한다.

9. 지도자는(리더) 모든 일에 대해 정확히 잘 알고 있어야 한다.

10. 지도자는(리더) 책임감이 강해야 한다.

— 나폴레옹 힐

1. 자만심의 함정 : 나만 옳고 다른 사람들은 모두 틀려!

충만한 자신감으로 능력을 인정받고 승승장구하며 최고의 자리에 오른 리더들은 자만심의 함정에 빠질 수 있다.

2. 스타의식의 함정 : 항상 남들의 주목을 받고 싶어!

업무를 주도적으로 처리하고 항상 앞에 나서던 리더들은 스타의식의 함정에 빠질 수 있다.

3. 다혈질의 함정 : 언제 어디로 튈지 모르는 예측불허의 당신!

열정적인 성격과 추진력으로 성공한 리더들은 과도한 스트레스 상황에서 다혈질의 함정에 빠질 수 있다.

4. 지나친 신중함의 함정 : 도대체 언제 결정을 내릴 건지!

뛰어난 분석력을 지닌 리더들은 지나친 신중함과 조심성의 함정에 빠질 수 있다.

5. 불신의 함정 : 부정적인 점밖에 안 보이니 믿을 수 없지!

다면적으로 분석하고 재검토하는 데 능한 리더들은 불신의 함정에 빠질 수 있다.

6. 무관심과 고립의 함정 : 사람들과 관계를 맺는 건 너무 어려워!

사무적이면서 독자적인 업무에 능숙한 리더들은 사람들에게 무관심하고 스스로를 고립시키는 함정에 빠질 수 있다.

7. 장난기의 함정 : 규칙을 꼭 지켜야 하나?

재치와 유머, 자유로운 사고를 지닌 리더들은 장난기의 함정에 빠질 수 있다.

8. 괴벽의 함정 : 이런 상황에서 어떻게 저럴 수가!

남들보다 뛰어난 독창성과 창의력으로 성공한 리더들은 괴벽의 함정에 빠질 수 있다.

9. '정치성'의 함정 : 겉으로는 Yes, 속으로는 No, 어쩌란 말인가!

정치력으로 리더의 지위에 오른 사람들은 지나친 정치성으로 인한 함정에 빠질 수 있다.

10. 완벽주의의 함정 : 큰일은 잘못되어도 사소한 일은 완벽하게!

어떤 일이든 깔끔하게 처리하는 데 뛰어난 리더들은 완벽주의의 함정에 빠질 수 있다.

11. '예스맨' 성향의 함정 : 갈등은 싫어. 남들을 항상 기쁘게 하고 싶어!

대인관계를 원만히 이끌고 화합을 추구하던 리더들은 예스맨 성향으로 인한 함정에 빠질 수 있다.

– 출처 : 데이비드 도트리치, 『당신을 성공으로 이끄는 1%리더십』

Humor

대통령의 유머

불행하게도 우리나라에서는 웃음거리가 된 대통령은 있어도 웃음을 준 대통령은 아직 없는 것 같다. 아마도 우리나라는 유머가 권위를 떨어뜨린다는 인식이 강해서 그런 것인지도 모른다. 그러다 보니, 권력자들이 유머에 인색하게 되었고 권위는 세울 수 있을지언정 존경은 없었던 것 같다.

또, 스스로 권위를 세우려고 했던 역대 대통령과는 달리 국민에 의해 권위가 세워지길 원했던 노무현 대통령도 평소에는 재치 있었던 듯하나 재직 당시에는 여러 가지 시달림으로 인해 인상 깊은 유머나 재치를 보여주지 못했다.

짧은 민주주의 역사로 인해 아직은 권위와 유머가 상존하는 것이 어색하지만, 그래도 유머(재치)있는 대통령 한두 분 정도는 나왔어야 하지 않나, 하는 아쉬움이 있다.

대통령에게 유머가 필요한 이유

『대통령의 위트』저자 밥 돌Robert Joseph "Bob" Dole은 "적기의 유머는 상대를 무장해제 시키는 무기이다."라고 했다. 협박이나 압력, 폭력보다 유머가 더 효율적인 경우가 많은데 어려운 거절을 할 때나, 상대방에게 불만이 있을 때, 불쾌한 질문을 받을 때 유머는 쥐구멍에 들어가는 대신 나를 당당하게 만들어 줄 수 있기 때문이다.

대통령에게 유머가 더욱 필요한 이유가 이것이다. 어쩌면 대통령에게 유머는 선택이 아니라 필수일 수도 있다.

유머가 있다는 것은 통찰력이 있다는 뜻이다.
유머가 있다는 것은 여유가 있다는 뜻이다.
유머가 있다는 것은 포용력이 있다는 뜻이다.
유머를 모르는 대통령은 국민을 웃음 짓게 할 수 없다.

배우이자 저명한 유머리스트인 윌 로저스는 "정부가 국민을 위해 일하면 유머리스트가 되는 것이 그다지 어렵지 않다." 라고 말했다.
국민을 위해서라면 "유머, 충분히 할 수 있지." 라고 말하는 대통이야말로 국민의 마음도 헤아릴 수 있는 대통령이 아닐까 싶다.

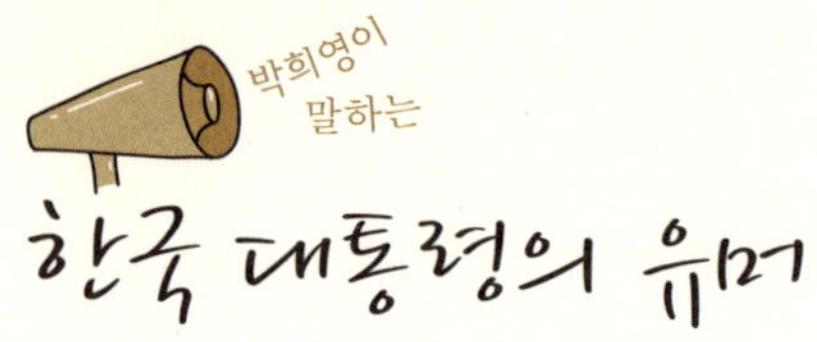

한국 대통령의 유머

이명박 대통령은 최근 폐막된 서울 G20 정상회의 기간 중에 열린 각국 정상들과의 회담에서 유머를 구사, 긴장된 분위기를 화기애애하게 만들었다.

이 대통령은 지난 11일 한·미 공동 기자회견장에서 '미국의 정책으로 한국에 핫머니(투기자금)가 유입 될 우려는 없느냐.'는 민감한 질문에 "그런 질문은 오바마 대통령이 없을 때 해야지, 같이 있을 때 하면 되느냐."고 답해 무거운 분위기의 회견장을 웃음바다로 만들었다.

이튿날 열린 한·프랑스 정상회담에서도 이 대통령의 유머는 이어졌다. 니콜라 사르코지 프랑스 대통령이 "업무도 과중한데 점점 젊어지는 것 같다."고 하자, 이 대통령은 "(우리나라 화장품인)설화수를 많이 써서 그렇다."고 답해 참석자들의 웃음을 유도했다. 유명 프랑스 화장품 못지않게 우리나라 화장품의 품질이 좋다는 것을 은근슬쩍 알린 '뼈 있는' 유머였다.

청와대의 한 관계자는 "이 대통령이 정상회담에서 분위기를 푸는 말씀을 많이 했다. (유머로)한·미 FTA 문제로 자칫 딱딱해 질 수 있는 분위기를 없애 정상회담이 부드럽게 진행됐다."고 귀띔했다.

故노무현 전 대통령(2003~2008 재임)도 유머감각이 뛰어났다. 노 전 대통령은 재임시절인 지난 2005년 주한미군 고위 장성들을 초청한 오찬에서 이런 유머를 던졌다.

"우리나라에도 성씨가 특별한 사람이 많다. 시원찮은 검사라도 성이 명 씨면 '명검사'가 되고, 아무리 대위가 돼도 성이 임 씨면 맨날 '임대위', 임시 대위가 되고 또, 대장이 돼도 성이 부 씨면 '부대장'밖에 못되는 그런 성이 있다. 굿맨은 (부모님이 주신)아주 좋은 선물이다." 굿맨은 이날 오찬에 참석한 미군 연합사 기획 참모부장인 '존 굿맨'을 지칭한다.

노 전 대통령은 격의 없이 이야기하는 것을 좋아하다 보니 오해를 사기도 했다.

"이쯤 되면 막가자는 거지요?"(2003년 3월 전국 검사들과의 대화에서), "대통령직을 못 해먹겠다는 위기감이 든다."(2003년 5월 21일 광주 5·18행사 추진위원회 간부 회동에서)는 등 솔직한 말을 내뱉어 비판을 받았다.

故김대중 전 대통령(1998~2003 재임)도 유머에 탁월한 대통령으로 꼽힌다. 반평생을 납치·투옥·연금·사형선고 등 극단의 고통 속에서 살았지만, 유머를 잊지 않았다. 외워서 구사하는 유머보다 뛰어난 순발력으로 재치 있는 유머를 했다고 한다.

김 전 대통령은 사형선고를 받을 당시의 기억을 이렇게 밝혔다. "사실 죽는 것은 겁났다. 큰 소리는 쳤지만, 사실은 살고 싶어 재판정에서 재판관 입만 뚫어지게 쳐다봤다. 무기징역만 받았으면 했다. '무'하면 입이 나오고, '사'하면 입이 찢어진다. 입이 나오면 내가 살고 입이 찢어지면 내가 죽는다."

다독가였던 김 전 대통령은 대통령이 되고 난 후 책을 읽을 시간이 없다고 하소연하면서 "감옥에 한 번 더 가야할 모양."이라고 말하기도 했다.

또, 지난 2000년 개그맨 심현섭 씨가 자신의 성대모사로 인기를 얻자, "나를 흉내 내 돈을 많이 벌었으면서 로열티도 내지 않고 과일상자 하나 안 보냈다."는 농담을 던지기도 했다.

김영삼 전 대통령(1993~1998 재임)은 특유의 고집스러움으로 주위 사람을 웃겼다.

김영삼 전 대통령이 1980년대 중반, 대통령직선제 개헌관철을 위해 김대중 전 대통령과 대국민 서명운동을 벌이기로 의견을 모으고 있을 때의 일화이다.

당시 김대중 전 대통령이 '백만인 서명운동을 하자'고 제안하자, 김영삼 전 대통령은 "100만 명이 뭐냐. 1,000만 명 정도는 해야지.”라고 응수했다고 한다.

그래서 김대중 전 대통령이 “1,000만 명이나 서명을 받을 수 있겠나.”라고 하니, 김영삼 전 대통령은 “누가 세어 보나. 그냥 하면 되지.”라고 답했단다.

이승만(1948~1960 재임)·박정희(1963~1979 재임)·전두환(1980~1988 재임)·노태우 전 대통령(1988~1993 재임)의 재임 시절은 암울했던 시대 상황 등으로 대통령의 유머가 거의 실종됐던 시절이다.

이승만 전 대통령은 “뭉치면 살고 흩어지면 죽는다.”는 말로 반공을, 박정희 전 대통령은 “중단하는 자는 승리하지 못하며 승리하는 자는 중단하지 않는다.”는 슬로건을 내세우며 경제성장을 역설하는 데 주력했다. 박 전 대통령의 경우 잘살게 된 농촌을 보고 기분이 좋을 때면, 유머로 주변 사람들을 웃기기도 했다고 전해진다.

전두환·노태우 전 대통령은 재임기간보다 퇴임 후 유머를 구사했다. 특히 노태우 전 대통령은 대선 때 자신을 풍자의 소재로 써도 된다고 말해 이때부터 전직 대통령과 정치인에 대한 자유로운 풍자 작품이 나왔다.

한 전직 대통령의 통역 담당자는 “전직 대통령들 가운데 유머 있는 분들이 회담을 부드럽게 이끌었다. 유머는 굉장한 경쟁력이다. 잘 웃고 웃기면 점수를 따고 들어가게 된다.”고 전했다.

● 한국 대통령과 일왕

한국의 대통령과 일본의 왕이 만났다.

한국과 일본의 국민 수만 명이 모였고, 일본 국왕이 자랑스럽게 말했다.

"우리 국민은 단결력이 상상을 초월하므니다. 제가 손을 한 번 흔들기만 하면, 모두들 박수치며 환호할 것이므니다."

"그렇습니까? 한 번 해보시죠?"

일본 왕은 자신만만하게 자국의 국민에게 손을 흔들었다. 그러자 일본 국민은 정말로 모두 박수를 치며 환호를 보내는 것이었다.

일본 왕은 우쭐해하며 한국 대통령을 쳐다봤다. 그러나 한국 대통령은 아무렇지도 않다는 듯 말을 이었다.

"후후, 그렇군요. 하지만 제가 손을 한 번만 쓰면 여기 있는 우리 국민은 물론 집에서 TV를 시청하고 있는 국민들도 모두 환호하며 기뻐해서 그날은 국경일로 지정이 될 것입니다."

그러자 일본 왕은 비웃듯 말했다.

"쿠쿠쿠. 그렇스므니까? 그럼 어디 한 번 해보스므니다."

그러자 한국의 대통령은 일본 왕의 귀싸대기를 갈겼다.

이승만 – 미국에게 잘 보여서 밥을 지을 쇠를 구해왔습니다.

박정희 – 쇠를 달궈서 100년을 먹을 무쇠밥솥을 만들었습니다.
물론 쌀도 많이 재배를 했구요.

최규하 – 박정희가 만든 솥에 불을 지피려다가 전두환에게 한 대
맞고 쫓겨났습니다.

전두환 – 박정희가 만든 솥에다 밥을 한가득 해서 배부르게 밥을
먹었습니다.

노태우 – 전두환이 먹고 난 솥을 보니 밥 조금하고 누룽지가 있어
서 박박 긁어 먹었습니다.

김영삼 – 솥바닥이 누룽지인 줄 알고 박박 긁다가 솥에 구멍을 냈
습니다.

김대중 – 구멍난 솥을 버리고 열심히 일해서 전자밥통을 하나 마
련했습니다.

노무현 – 김대중이 사온 밥통에 밥을 지어 먹으려다가 120볼트인
데, 220볼트에 꽂아서 밥통의 안전기를 태우고 하는 말.
"코드가 안 맞네요."

모 대통령 – 고장 난 밥통을 장작더미에 올리고 밥을 하겠다고 해
서 밥통을 태우고 있습니다.

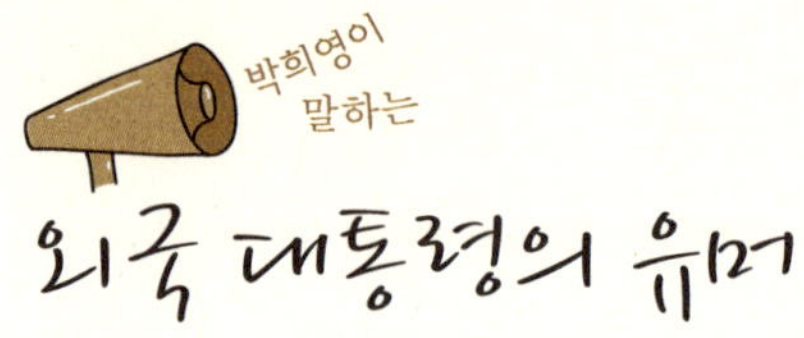

① 레이건의 유머

레이건 前 미국 대통령의 영결식장은 '눈물바다'가 아닌 '웃음바다'였다고 한다.

엄숙해야 할 대통령 영결식장이 웬 웃음바다? 생각해보면 어이없는 일로 여길 수 있지만, 그에 얽힌 얘기를 알게되면 레이건 대통령의 이에 얽힌 일화는 어찌 보면 당연한 건지도 모르겠다.

'영원한 낙천주의자' 라는 칭호를 갖고 있는 레이건 前 대통령은 미국인이 유난히 좋아하는 대통령이다. 여기저기 입방아의 대상이 되기 쉬운 정치인으로서, 대통령 재임 시 추락하는 미국의 위엄을 일으켜 세울 수 있었고, 서독 베를린 장벽 앞에서 총 한 발 사용치 않고 베를린 장벽을 무너뜨리고 소련연방을 해체시키는 등 냉전의 종식을 가져와 인류사에 위대한 업적을 남겼다.

그 특별한 업적뿐 아니라 탁월한 유머감각을 겸비한 지도자였다
는 사실도 남겨져 있는 일화로 충분히 알 수 있는 사실이다.

지난 84年 미국 대선 때 레이건과 그의 측근들은 '대통령이 되기
에는 너무 늙었다'는 대중적 인식을 극복하는 것이 선거전의 과제
라고 판단했다. 경쟁자인 먼데일 후보가 줄곧 레이건의 '고령'을 문
제 삼고 나섰기 때문이다. 그는 어떻게 그 공격을 맞받아 쳤을까?
다음은 후보들의 TV토론에서 오갔던 대화내용이다.

먼데일 : 대통령의 나이에 대하여 어떻게 생각합니까?
레이건 : 나는 이번 선거에서 나이를 문제 삼지 않습니다.
먼데일 : 그게 무슨 뜻입니까?
레이건 : 당신이 너무 젊고 경험이 없다는 사실을 정치적 목적에
         이용하지 않겠다는 뜻입니다.

이 한마디로 레이건은 삽시간에 미 전역을 웃음바다로 만들었다.
먼데일 후보가 집요하게 제기한 나이문제를 절묘하게 상대에 대한
공격수단으로 바꾸어 버렸기 때문이다. 선거 이후의 평가에 의하면,
이 유머는 레이건이 당선되는 데 상당한 역할을 했다고 한다.

또한, 어느 정신병자가 쏜 총에 맞아 수술실에 들어가면서도 부
인 낸시 여사에게 "여보, 영화에서처럼 총알을 피해 납작 엎드리는

것을 깜빡 잊어버렸어. 그리고 제일 비싼 양복인데 구멍이 나서 어떻게 하지?"라는 조크를 했다. 수술실 의사에게는 "당신들 모두 공화당원이겠지?"라고 말했다고 전해진다. 공화당원인 레이건 대통령은 생사의 갈림길에서 수술실 담당의사가 민주당원일까를 염려해 건넨 조크였다. 그는 나이, 신분, 성별, 재산과 관계없이 유머라는 매체를 통하여 미국인의 힘과 마음을 모았던 위대한 지도자였으며, 유머로 대중에게 다가섰던 친숙한 대통령이었다.

● 멕시코 연설

미국의 로널드 레이건 전 대통령이 멕시코시티에서 연설을 했다. 저명인사들이 청중으로 대거 모인 자리였다. 연설을 마친 후 레이건은 맥없이 드문드문 이어지는 박수소리를 들으며 자리에 앉았다. 다음 연사인 멕시코 정부 대표가 스페인어로 군중들에게 한 연설은 박수와 웃음으로 계속 중단이 되곤 했다. 그럴수록 레이건의 부끄러움은 더해갔다. 레이건은 창피한 티를 내지 않기 위해 박수치는 데 동참했다. 미국 대사가 고개를 기울이며 말했다.

"제가 대통령님이라면 박수치지 않겠습니다. 지금, 대통령님의 연설을 연사가 통역하고 있거든요."

● 꿈에서도

레이건 대통령이 저격을 당하고 중상을 입었을 때, 전국은 불안에 휩싸였다. 그때 레이건은 극심한 고통 속에서도 여유를 잃지 않고 유머를 구사했다. 응급차가 달려오고 간호사들이 지혈을 하기 위해 레이건의 몸을 만지기 시작했다. 그러자 아픈 와중에 레이건은 미소를 잃지 않고 간호사들에게 이렇게 농담을 했다.

"우리 낸시(아내)에게 허락을 받았나? 낸시는 내가 이러고 있을 줄 꿈에도 모르겠지."

● 저격사건

레이건 대통령이 힝클리의 저격을 당하고 병원에서 수술을 받게 되었다.

"대통령 각하! 이제 수술을 시작하겠습니다."

마침내 수술이 끝나고 레이건이 의식을 회복했다. 측근들이 근심어린 표정으로 다가오자 레이건이 말했다.

"이렇게 저격을 당할 정도로 헐리우드에서 주목을 받았더라면 영화배우를 그만두지 말 걸 그랬어."

② 링컨의 유머

누구나 잘 알고 있는 미국의 링컨 대통령이 있다. 링컨 대통령은 당대의 유머리스트로서 유명하다. 한번은 링컨 대통령이 의회에서 한 야당의원으로부터 이런 비난을 받았다.

"당신은 두 얼굴을 가진 이중인격자요."
그러자 링컨이 억울하다는 듯 반문했다.
"만일 나에게 두 얼굴이 있었다면, 왜 이런 중요한 자리에 하필 이 얼굴을 가지고 나왔겠습니까?"

링컨은 미국 역사상 손꼽히는 추남이다. 비쩍 마른 몸에 껑충한 키, 못생긴 얼굴……. 그가 턱수염을 기른 이유가 못생긴 얼굴을 가리라는 어느 초등학생의 충고 때문이라는 것은 다 아는 사실이다. 하지만 그는 경쟁자들이 그의 형편없는 외모에 대하여 끊임없이 시비를 걸었음에도 불구하고 화를 내기는커녕 오히려 늘 만면에 웃음을 띄우고 스스로 자기의 외모를 유머의 소재로 활용했던 것이다.

못생긴 얼굴을 내세워 "나는 이중인격자가 아니다." 라고 맞받아치는 링컨 앞에서 다른 당의 의원들은 더 이상 공격의 말을 찾지 못하였다.

● **다리 길이**

미국 16대 대통령 링컨은 키가 컸다. 무엇보다 하체가 길어서 그의 걸음걸이가 좀 특이했다. 링컨이 한창 선거유세를 하고 있을 때 한 사람이 다가와서 비꼬듯 물었다.

"사람의 다리 길이는 어느 정도면 적당한가요?"

링컨은 빙그레 웃으며 대답했다.

"땅에 닿을 만큼."

● **외투**

미국 최고의 대통령 링컨이 청년 때의 일이다.

가진 돈도 없고 이동할 수단도 없는 상황에서 급히 시내에 나갈 일이 생겼다.

그는 지나가는 마차를 세워 공손하게 말했다.

"죄송합니다만, 제 외투를 시내까지 가져다주실 수 있겠습니까?"

"그야 어렵지 않지만 어떻게 당신의 외투를 시내까지 가져다 줄 수 있는지요?"

이에 링컨은 정중한 자세로 대답했다.

"그 점은 걱정 안하셔도 됩니다. 외투 속에는 제가 있을 테니까요."

링컨이 하원의원 선거에 입후보했을 때의 일화다. 그의 상대였던 피터 카트라이트는 감리교회의 유명한 부흥 강사였다. 이곳저곳의 교회에 초청을 받아 설교를 하는 사람인 만큼 연설에 관한 한 놀라울 정도로 말을 잘하는 사람이었다. 그런데 선거운동 막바지 어느 날 링컨은 우연한 기회에 카트라이트가 설교를 하는 어느 집회에 참석하게 되었다.

카트라이트는 명쾌하면서도 대단한 화술로 열변을 토하며 청중을 사로잡고 있었다. 그런데 설교를 하던 도중 그가 난데없이 "새로운 삶을 영위하고 충성으로 하나님을 사랑하며 천국에 가기를 소망하시는 분은 모두 자리에서 일어나십시오."하고 부르짖는 것이었다. 그의 말에 곧바로 자리에서 일어선 사람은 얼마 되지 않았다. 워낙 갑작스런 말이었기 때문에 신자들이 그의 말을 제대로 알아듣지 못했다. 그러자 카트라이트는 주먹으로 연단을 치며 소리를 질렀다.

"천국에 가기를 원하는 사람이 겨우 이것밖에 안 된단 말입니까? 그렇다면 이번에는 지옥에 가기 싫은 분들 모두 일어나 보십시오."

이 말이 떨어지기가 무섭게 모두들 벌떡 일어섰다. 그런데 오직 한 사람만이 자리에서 일어나지 않고 있었다. 바로 링컨이었다. 카트라이트는 링컨을 향해 삿대질을 하며 소리쳤다.

"이보시오 링컨! 실례되는 말입니다만, 당신은 어디로 가실 생각입니까?"

그러자 링컨은 태연하게 대답했다.

“나는 하원으로 가렵니다.”

순간 장내에는 떠나갈 듯이 폭소가 터졌다. 당연히 링컨은 그의 대답처럼 하원으로 갔다.

● 15분만 참아주십시오

링컨의 부인 메리 토드는 켄터키 주의 상류층 출신이었다. 그래서 토드와 링컨은 살아온 가정의 배경과 문화, 성격차이로 갈등이 많았는데, 링컨은 성격이 조용하고 신중한 반면 토드는 약간 충동적이고 성급하며 신경질이 많은 편이었다.

링컨이 변호사로 일하던 시절, 아내 토드가 평소대로 생선가게 주인에게 신경질을 부리면서 짜증스러운 말을 퍼부었다. 그러자 생선가게 주인은 그것에 대해 불쾌한 표정을 지으며 남편인 링컨에게 항의를 했다. 그러자 링컨은 웃으며 이렇게 조용히 부탁했다.

“나는 15년 동안 참고 지금까지 살아왔습니다. 주인양반께서는 15분 동안이니, 그냥 좀 참아주십시오.”

● **최고의 고객**

링컨이 대통령이 되기 전 상원의원 선거에 나가 상대인 더글러스와
경합을 벌일 때의 일이다. 상대방 더글러스는 링컨을 공격했다.

"링컨은 우리나라에 금주령이 내려졌던 시기에 술을 팔았던 사람
입니다. 위법이지요. 저 사람을 뽑아서는 절대 안 됩니다."

이 말에 여기저기에서 웅성거렸다. 이를 듣던 링컨이 나가서 한 마
디 했다.

"맞습니다. 사실입니다. 더글러스는 제 최고의 고객이었습니다. 저
는 지금은 그 자리를 떠났지만, 더글러스는 아직도 그 자리를 떠나
지 못하고 있습니다."

그 말이 떨어지자 더글러스는 말했다.

"여러분 링컨 후보에게 속아서는 안 됩니다. 저 사람은 말만 그럴
듯하지 두 얼굴을 가진 이중인격자입니다."

그러자 링컨은 전혀 당황해 하지 않고 말했다.

"여러분 저 후보가 저를 두 얼굴을 가진 이중인격자라고 했지만,
제가 만약 두 얼굴을 가진 사람이라면 왜 하필 오늘같이 중요한 날
이 못생긴 얼굴로 나왔겠습니까?"

● 변호사 링컨

링컨의 변호사 시절 이야기이다.

어느 때에 링컨은 강도 혐의로 형사 재판을 받게 된 한 젊은이의 변호를 맡게 되었다. 링컨은 젊은이의 무죄를 확신했다. 그래서 다음과 같이 변호했다.

"피고 어머니의 증언에 의하면 피고는 세상에 태어난 후 한 번도 자기네 농장을 떠나 본 일이 없다고 합니다. 그는 출생 이후 줄곧 농장일만 해왔다는 것이지요. 이런 피고가 어떻게 농장에서 멀리 떨어진 객지에서 강도짓을 할 수 있었겠습니까. 도저히 있을 수 없는 일입니다."

링컨의 말이 끝나기가 무섭게 검사가 질문했다.

"변호사의 말에 의하면 피고는 출생 이후 한 번도 농장을 떠난 적 없이 줄곧 농장일만 했다고 하는데, 아니 그럼 피고는 한 살 때도 일을 했단 말입니까? 대체 그때 무슨 일을 했다는 말입니까?"

검사는 '출생 이후 줄곧' 이라는 말꼬리를 잡고 늘어진 것이다. 링컨은 당황하지 않고 곧바로 대답했다.

"네. 피고는 태어나자마자 젖 짜는 일을 했습니다. 다만 그때는 소의 젖이 아니라 그의 어머니 젖이었습니다!"

그날 그 자리의 방청객은 물론 판사까지도 포복절도, 터져나오는 웃음을 참기 위해 아주 고통스러운 표정을 지어야만 했다. 한 살 때부터 이미 젖 짜는 일을 시작했다던 젊은이는 결국 무죄 판결을 받았다.

● 점원이었던 링컨

1858년 상원의원 선거에서 링컨과 맞붙었던 더글러스가 젊은 시절 잡화상의 점원을 지낸 링컨의 경력을 문제 삼았다.

"저기 저 사람은 잡화상의 점원에 지나지 않았습니다."

그러자 링컨은 청중을 향해 고개를 끄덕이며 아주 자신 있는 목소리로 이렇게 대답했다.

"맞습니다. 저는 잡화상의 점원이었습니다. 제가 점포에서 열심히 일을 하고 있을 때 주인 눈을 피해가며 빈둥빈둥 놀고만 있었던 사람은 저기 더글러스였습니다."

③ 처칠의 유머

● 질문

미국을 방문한 처칠에게 한 여인이 질문을 던졌다.

"연설을 할 때마다 자리가 부족할 정도로 사람들이 모여드니 기분이 정말 좋으시겠어요?"

처칠이 웃음을 지어 보이며 대답했다.

"물론 기분이 좋지요. 하지만 내가 이러한 정치연설을 하는 게 아니라 교수형을 당하는 것이라면 지금보다 2배 이상의 사람이 몰려들 것이란 사실을 너무나 잘 알고 있습니다."

● 신문기사

어느날 처칠의 비서가 일간신문을 들고 들어와 처칠 앞에서 그 신문사를 비난했다.

시거를 문 불독으로 처칠을 묘사한 내용을 실었기 때문이다.

처칠은 신문을 물끄러미 바라보더니 이렇게 말했다.

"기가 막히게 그렸군……. 벽에 있는 내 초상화보다 훨씬 나를 닮았어. 당장 초상화를 떼어버리고 이 그림을 오려 붙이게나."

● 숨기는 게 없다

2차 대전 초기 루즈벨트 대통령을 만나러 미국으로 건너간 처칠.

숙소인 호텔에서 목욕을 한 뒤 허리에 수건을 두르고 있는데 갑자기 루즈벨트 대통령이 나타났다.

그때 공교롭게도 허리에 감고 있던 수건이 스르르 내려갔다.

정장의 루즈벨트를 향해 처칠은 어색한 분위기를 완벽하게 전환시키려 양팔을 넓게 벌렸다.

"보시다시피 영국은 미국과 미국 대통령에게 아무것도 감추는 것이 없습니다."

● 늦게 일어나는 이유

처칠이 처음 하원의원 후보로 출마했을 때 처칠의 상대후보는 인신공격도 마다하지 않았다.

"처칠은 늦잠꾸러기라고 합니다. 저렇게 게으른 사람을 의회에 보내셔야 되겠습니까?"

처칠은 아무렇지 않게 응수했다.

"여러분도 나처럼 예쁜 마누라를 데리고 산다면 아침에 결코 일찍 일어날 수 없을 것입니다."

연설장은 폭소가 터졌다고 한다. 처칠은 자신을 비난하는 것을 유머로 맞받아칠 수 있는 여유를 가진 것이다. 결과적으로 처칠은 상대후보를 제치고 압도적인 차이로 당선되었다.

● 국유화

대기업 국유화를 놓고 치열한 설전을 벌이던 의회가 잠시 정회된 사이 처칠이 화장실에 들렀다.

의원들로 만원이 된 화장실에는 빈자리가 딱 하나 있었는데, 그것은 국유화를 강력하게 주장하는 노동당 당수 애틀리의 옆자리였다.

하지만 처칠은 다른 자리가 날 때까지 기다렸다.

이를 본 애틀리가 물었다.

"제 옆에 빈자리가 있는데 왜 거길 안 쓰는 거요? 혹시 저한테 뭐 불쾌한 일이라도 있습니까?"

처칠이 말했다.

"천만에요. 괜히 겁이 나서 그럽니다. 당신은 뭐든 큰 것만 보면 국유화하자고 주장하는데 혹시 제 것을 보고 국유화 하자고 달려들면 큰일 아닙니까?"

● 의사의 말

1940년 첫 임기가 시작되는 날.

연설을 마치고 화장실에서 일을 보는데 그곳의 직원들은 처칠의 모습에 당황했다.

만세를 하듯 두 팔을 벽에 붙이고 볼일을 보고 있었던 것이다.

처칠이 말했다.

"의사가 무거운 것을 들지 말라고 해서."

● **쓸데없는 걱정**

영국의 처칠은 재담가로도 유명하다.

처칠은 90세까지 장수했는데, 말년에 어느 기자가 처칠을 인터뷰하고 나서 말했다.

"내년에도 건강하게 다시 뵈었으면 좋겠습니다."

그러자 처칠이 여유있게 말했다.

"여보게, 내년에도 못 볼 이유가 뭐 있겠나. 내가 보기에 자네는 아주 건강해 보여. 아마도 내년까지는 충분히 살 것 같아. 걱정 말게."

● **괜찮은 사람**

몽고메리 장군은 북아프리카에서 제 8군을 지휘할 시절 독일군에 대한 공세를 빨리 취하라는 처칠의 열화 같은 독촉 때문에 그를 별로 좋게 생각하지 않았다.

그가 육군참모총장이 되어 처칠을 만났을 때 이런 농담을 했다.

"저는 술과 담배를 하지 않는, 100% 괜찮은 사람입니다."

처칠이 넉살 좋게 웃으며 대답했다.

"저는 술과 담배를 하는, 200% 괜찮은 사람입니다."

● 죽은 새

처칠이 정계에서 은퇴한 후.

80이 넘어 한 파티에 참석하게 되었다.

처칠의 젊은 시절 유머감각을 기억하는 한 부인이 짓궂은 질문을
했다.

"어머, 지퍼가 열렸어요."

모든 시선이 처칠에게 향했지만 처칠은 씩 웃으며 대답했다.

"죽은 새는 새장을 나오지 않습니다."

● 국민을 위해서라면 기꺼이

연단 위에 오르려다 넘어진 처칠을 보고 청중들이 웃자 그는 마이크
를 잡고 말했다.

"제가 넘어져 국민이 즐겁게 웃을 수 있다면 다시 한 번 넘어지겠습
니다."

어떤 상황에서도 언제나 유머를 사용했던 처칠이 조울증이었다는
사실은 잘 알려져 있지 않다. 기분이 최고로 올랐다가 다시 우울해
지는 조울증이었음에도 처칠은 웃음과 유머를 즐겼다.

그는 부하들에게 항상 이렇게 말했다.

"웃으시오. 그리고 부하들에게 웃음을 가르치시오. 이도 저도 아니
라면, 제발 저리 비키시오."

● 까짓 것

2차 세계대전 당시 전 세계의 결속을 모으는 연설을 하러 방송국에 가야 했던 처칠.

처칠은 택시를 잡아 BBC방송국으로 가줄 것을 요구했지만 택시기사는 뒤통수를 긁적이며 이렇게 말했다.

"손님, 죄송합니다. 오늘 전 그렇게 멀리까지 갈 수 없습니다. 1시간 후에 방송되는 윈스턴 처칠경의 연설을 들어야 하거든요."

처칠의 얼굴을 몰라보는 택시기사의 말에 처칠은 기분이 좋아져 1파운드 지폐를 꺼내 건넸다.

돈을 받은 기사는 처칠을 향해 돌아보며 눈을 찡긋거리며 말했다.

"타십시오. 손님! 처칠이고 뭐고 우선 돈부터 벌고 봐야겠습니다."

이 말을 듣고 택시에 탄 처칠이 이렇게 대답했다.

"그럽시다. 까짓 것!!"

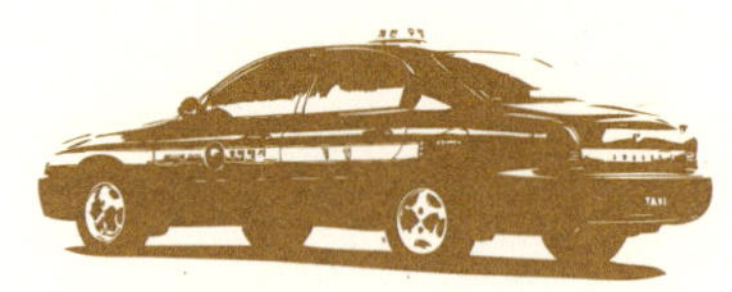

④ 케네디의 유머

열정의 대명사 케네디 대통령. 그는 세련된 유머와 여유 있는 웃음을 통한 상황 반전에 능한 사람이었다. 그가 43세의 젊은 나이로 대통령에 입후보했을 때 상대는 산전수전 다 겪은 노련한 닉슨이었다. 당연히 선거의 쟁점은 '경륜이냐 패기냐'로 모아졌고 닉슨은 거기에서 우위를 점하기 위해 선거기간 내내 케네디를 '경험 없는 애송이'로 몰아붙였다.

이에 대해 케네디는 한 연설에서 이렇게 되받아쳤다.

"이번 주의 빅뉴스는 국제문제나 정치문제가 아니라 야구왕 테드 윌리엄스가 나이 때문에 은퇴하기로 했다는 소식입니다. 이것은 무슨 일이든 경험만으로는 충분하지 않다는 것을 입증하는 것입니다."

그는 이 유머 한 마디로 전세를 역전시켰다.

● 존 F. 케네디

대통령 취임식 만찬장에서 한 기자가 존 F. 케네디 대통령에게 언짢은 질문을 던졌다.

"젊은 후보께서 왜 나이 많은 존슨을 러닝메이트로 골랐습니까?"

그러자 케네디 대통령은 의아한 듯 큰 소리로 말했다.

"아! 그거요. 내가 콧물을 질질 흘릴 만큼 아직도 어려서 나이 많은 보호자가 아니면 비행기도 못 탈까봐 나이 많은 존슨을 택했소. 그게 뭐가 잘못 되었나요?"

● 대통령과 주식

케네디 대통령은 기업인에게 인기가 없는 대통령이었다고 한다.

왜 그랬을까?

어느 CEO가 케네디 대통령에게 경제전망이 어둡다고 말했다.

그에 대해 케네디는 이렇게 말했다.

"그러고 보니, 제가 대통령만 아니라면 주식을 샀을 것입니다."

그에 듣고 있던 CEO가 말했다.

"대통령만 아니셨더라면, 저도 주식을 샀을 것입니다."

● 케네디 대통령1

케네디 대통령이 베르난 산장에서 아야브 칸 파키스탄 대통령의 예
방을 받고 환담했다.

내무장관 우달(Udall)이 아야브 대통령의 딸과 얘기를 나누면서 그
는 언젠가 파키스탄에 있는 어떤 산에 가본 일이 있다고 말했다.

그런데 불행하게도 우달장관이 실수를 하고 말았다.

케네디는 실수를 알아차리고 당황해하는 장관을 임기응변으로 구
해 주었다.

"아가씨, 그래서 나는 내무장관을 어달(A dull:우둔한)장관이라고 부
른답니다."

● 케네디 대통령2

케네디 대통령은 바람 부는 봄날 핵 잠수함을 점검하게 되었다. 잠수부들은 점검을 기다리면서 떨고 있었다.

대통령은 가능한 한 빨리 마치려고 서두르면서 그곳에서 몹시 떨고 있는 잠수부에게 이야기를 하였다.

“당신들은 추위를 느끼지 못하는 사람들이라고 해군 제독이 나에게 이야기하던데…….”

잠수부가 웃는 모습을 보고 케네디는 이야기를 계속 하였다.

“우리가 이곳을 떠나게 되면 당신들은 곧 따뜻하게 될 것이오.”

잠수부가 즉시 대답하였다.

“각하. 이곳에 당신이 있는 한 저는 행복하다고 생각합니다.”

케네디 대통령이 이야기 하였다.

“고맙소, 그러나 만약 우리가 결코 이곳에 오지 않는다면 당신은 그 고마움을 전혀 모를 것이오.”

● 케네디의 재치

케네디가 우주비행사에게 공로메달(훈장)을 수여할 때였다. 그런데 아뿔싸! 실수로 훈장을 떨어뜨리고 말았다. ‘쨍’소리와 동시에 주변은 찬물을 끼얹은 듯 조용해졌다. 하지만 케네디는 태연하게 훈장을 주워들고 말했다. 그 한마디에 참석자 모두 뜨거운 박수를 보냈다.

“하늘의 용사에게 땅으로부터 이 영광을 건넵니다.”

⑤ **루즈벨트의 유머**

● **루즈벨트 대통령**

루즈벨트 대통령이 기자회견을 시작하자 한 기자가 질문을 던졌다.

"걱정스럽거나 초조할 때는 어떻게 마음을 가라앉히십니까?"

그러자 루즈벨트 대통령이 미소를 지으며 대답했다.

"초조하고 걱정스러울 때는 휘파람을 불지요."

그 대답에 의외라는 표정을 지으며 기자가 다시 물었다.

"대통령께서 휘파람 부는 걸 봤다는 사람은 없는 걸로 아는데요?"

그러자 루즈벨트 대통령은 자신 있게 대답했다.

"당연하지요. 초조하고 걱정스러웠던 적이 아직은 없었으니까요."

● **엘리너 여사의 사랑**

미국32대 대통령인 프랭클린 루즈벨트는 노후에 관절염에 걸려 어쩔 수 없이 휠체어 신세를 지게 되었다. 휠체어에 앉은 루즈벨트가 부인 엘리너 여사에게 농담을 던졌다.

"몸이 불편한 나를 아직도 사랑하오?"

그러자 그녀는 이렇게 대답했다.

"나는 당신의 다리를 사랑한 것이 아니라 당신을 사랑했습니다."

● 혐의

잡지 『굿 하우스키핑Good Housekeeping』은 엘리너 루즈벨트를 '우리들의 날아다니는 영부인'이라고 호칭했다. 엘리너 여사가 어느 날 볼티모어의 한 교도소를 방문키로 했다. 그날 아침 엘리너 여사는 남편을 방해하지 않기 위해 조심해서 백악관을 떠났다. 루즈벨트 대통령은 부인이 왜 안 보이는지 비서에게 물었다.

"교도소에 계십니다. 대통령님."

대통령이 다시 물었다.

"놀랄 일은 아니군요. 그런데 혐의가 뭐죠?"

● 루즈벨트1

수년 동안 루즈벨트와 그의 지지자들은 대공황이 후버 때문이라고 규정했다. 제2차 세계대전이 발발했지만 두 사람의 악감정은 풀어지지 않았다. 일본의 진주만 기습 직후 루즈벨트는 버나드 바루크를 불러 인력부족과 엉망이 된 국내 상황에 가장 효율적으로 대처하는 방안 등을 논의했다. 바루크는 또 그 전임 대통령이 기꺼이 전쟁기간에 직무 봉사할 것으로 믿는다고 말했다. 그러자 의견이 달랐던 루즈벨트가 이렇게 말했다.

"나는 예수 그리스도가 아닙니다. 그리고 그를 죽은 자 가운데서 다시 살려내지도 않을 것입니다."

⑥ 아이젠하워의 유머

● **아이젠하워1**

아이젠하워 대통령이 한 클럽에서 연설할 때이다.

"어렸을 때 아버지와 함께 젖소를 사러 갔습니다. 아버지는 좋은 젖소를 사려고 소의 혈통과 우유생산량을 물었지만 주인은 모른다고 말했습니다. 하지만 정직한 소라서 주인을 위해서 모든 것을 바친다고 했습니다."

사람들이 호기심 가득한 눈빛을 보내자 아이젠하워는 여유 있게 연설을 마무리했다.

"여러분, 저는 그 젖소와 같습니다. 제가 가지고 있는 모든 것을 미국 국민을 위해 바치겠습니다."

● 아이젠하워2

아이젠하워 대통령이 댈러스 국무장관을 데리고 프랑스 파리를 방문할 때의 일이다. 파리의 미국대사관저에 묵고 있을 때 댈러스 장관의 경호원이 자기 상관을 만나러 방에 들어갔는데 뜻밖에도 잠옷차림을 한 대통령이 몹시 흥분한 목소리로 그에게 소리를 치는 것이었다.

"도대체 이놈의 국방부장관 댈러스는 어디로 간 거야. 어디에 있는 거야, 왜 안 보이지?"

경호원이 놀라 말문이 막혀 아무 말도 하지 못하고 있을 때 다시 대통령의 큰 호통이 떨어졌다.

"제기랄, 댈러스 어디로 갔지? 여기에 있기나 한 거야? 내가 꼭 필요한 때면 사라지는 이유가 뭐야?"

경호원은 황급히 조심스럽게 말하였다.

"댈러스 장관이 지금 아마도 프랑스 외무부에 가신 것 같습니다."

그러면서도 한편은 댈러스 장관이나 대사가 없다고 해서 대통령이 이처럼 큰 소리를 지르고 난리를 피우니 무슨 큰일이 났는가 아니면 중요한 국가적인 문제가 지연되고 있는 것인가 궁금해지기도 했다.

이때 아이젠하워 대통령은 몸에 무슨 이상이 있는지 신경질적인 증세를 보이며 대사관저를 껑충껑충 뛰어다니면서 왔다 갔다 하더니 어느 한 순간 그 자리에 동상처럼 우뚝 서서 아무 말도, 반응도 없었다. 그리고 한참을 한 곳을 주시하며 말했다.

"아니, 내가 찾는 시바스리갈을 대사는 어디에다 넣어두지?"

그 후로 경호원은 어떠한 일로도 대통령을 존경하지 않게 되었다.

● **달라진 것**

아이젠하워는 두 번의 대통령 임기를 마치고 정계를 은퇴했다. 퇴임 후 그는 골프를 치기 위해 어느 지방 골프 클럽에 갔는데, 골프를 마친 후 골프장 직원이 다가와 물었다.

직원 : 백악관을 떠나신 후 뭐 좀 달라진 것이 있습니까?

아이젠하워 : 있지. 골프시합에서 나한테 이기는 사람들이 더 많아졌어.

⑦ **트루먼의 유머**

● **해리 트루먼**

트루먼은 소년시절 야구를 하기에 어려움을 겪을 정도로 시력이 안
좋았다고 말했다.

"공을 볼 수 없었기 때문에 저는 특별한 일을 맡았습니다."

누군가가 물었다.

"대통령님, 그게 무엇이었습니까? 치어리더였나요?"

트루먼이 대답했다.

"아닙니다. 심판이었습니다."

● **입당 이유**

공화당 지지자인 어떤 사람이 트루먼에게 민주당에 입당한 이유를
묻자 그는 이렇게 대답했다.

"제 아버지가 민주당원이기에 민주당을 택했던 겁니다."

이 말에 공화당 지지자가 야유를 보냈다.

"아버지가 강도였다면 당신도 강도가 됐겠는걸?"

그러자 트루먼은 정색을 하며 대꾸를 했다.

"만일 아버지가 강도였다면 나는 당연 공화당에 입당했을 겁니다."

⑧ 조지 워싱턴의 유머

● 인사

미국 초대 대통령 조지 워싱턴.

어느 날 그의 집에 블란서 장군이 방문했다. 한창 음식을 먹으며 이야기를 나누고 있는데 한 노예가 들어와 '좋은 시간 돼라'는 인사를 했다.

그런데 이 말을 듣자마자 워싱턴이 일어나서 그 노예에게 정중히 답례를 했다. 그 장면을 본 블란서 장군이 궁금해서 물었다.

"아니, 왜 집안의 노예에게 일어서서 인사를 하십니까?"

워싱턴이 대답했다.

"내가 노예보다 예의가 없는 사람이 되면 되겠습니까?"

● **신분**

어느 여름날, 홍수가 나자 한 노인이 시냇가의 물이 넘친 정도를 살펴보고 있었다. 그런 노인에게 육군 중령 계급장을 단 군인이 다가와 말했다.

"어르신. 미안합니다만, 제가 군화를 벗기가 어려워서 그런데, 혹시 저를 업어 저기까지 건너 주실 수 있을까요?"

군인의 부탁에 노인은 흔쾌히 승낙하며 군인을 업었다. 한참을 건너가고 있는데 군인이 물었다.

"어르신께서도 군대에 다녀오셨나요?"

"네, 다녀왔지요."

"사병이셨습니까?"

"아니오, 장교였습니다."

이때 냇가를 다 건넌 노인이 군인을 바닥에 내려놓았다. 고마운 마음에 군인이 노인에게 물었다.

"어르신 고맙습니다. 혹시 성함을 알 수 있을까요?"

그러자 노인이 대답했다.

"저는 조지 워싱턴입니다."

노인의 대답에 군인은 소스라치게 놀랐다. 그 이유는 자신을 업어 물을 건넌 노인은 당시 미합중국의 유일한 오성장군五星將軍이었던 조지 워싱턴이었기 때문이었다.

⑨ 기타 대통령들의 유머

● 미국 17대 대통령

미국의 17대 대통령 앤드류 존슨은 세 살에 아버지를 여의고 몹시 가난하여 학교 문턱에도 가보지 못했다. 그는 열 살에 양복점에 들어갔으며 열일곱에 양복점을 차려 독립, 그 후 결혼해서야 읽고 쓰는 법을 배웠다. 존슨은 테네시 주지사, 그리고 상원의원으로 당선되었으며 링컨 대통령이 암살되자 부통령으로 임기를 물려받아 대통령직을 수행했다. 어느덧 임기가 끝나 17대 대통령 선거에 출마하게 되었는데 상대편에서는 존슨이 무학이라는 사실을 비난하고 나섰다.

"한 나라를 이끌어가야 하는 대통령이 초등학교도 나오지 못했다면 어떻게 그를 믿을 수 있겠습니까?"

존슨은 자신의 아픈 과거를 건드리는 처사에도 불구하고 침착하게 연단에 올라 말했다.

"국민 여러분. 예수 그리스도가 초등학교에 다녔다는 말을 들어 본 적이 있습니까?"

● 미국의 빌 클린턴

미국의 빌 클린턴 전 대통령의 어머니인 버지니아 클린턴 캘리는 5번이나 결혼할 정도로 불행한 여자였으나 정이 많고 관대하고 유머가 넘쳤다. 그녀는 간혹 의붓아버지가 아들을 때리면 맞서 싸우며 자식을 보호했다. 그런 여건 속에서도 아들에게 3가지를 가르치며 인생의 어려움을 극복하도록 했다.

"절대 포기하지 마라. 항복하지도 마라. 웃는 걸 두려워하지 마라."

● 윌리엄 하워드 태프트

대통령으로서 태프트의 앞길은 처음부터 순탄치 않을 조짐이 보였다. 1909년 3월, 날씨가 매서워 취임식 장소가 실내로 옮겨졌다. 1985년 로널드 레이건의 두 번째 임기 취임식까지, 이렇게 관례에서 벗어나는 일은 다시 없었다. 태프트는 그날 아침 퇴임하는 대통령 시어도어 루스벨트와 함께 식사하면서, 그는 자신의 대통령 취임에 대해 겸허하게 말했다.

"자연마저도 저항하는군요."

하며 껄껄거렸다. 태프트는 한참 후에 또 이렇게 말했다.

"제가 합중국 대통령이 되는 날은 추운 날이 될 것이라고 늘 생각하고 있었습니다."

● 대통령의 위트

일레로의 비서가 그에게 물었다. 대통령의 오랜 친구가 대통령에게 매우 비판적이라는 얘기를 들었느냐는 것이다. 대통령이 대답했다.

"내가 그 친구한테 잘해준 것이 뭐가 있는지 기억이 안 나는군요."

● 제임스 가필드

제임스 가필드는 미국의 20대 대통령.

어려서부터 지는 것을 죽기보다 싫어했던 가필드는 대학시절 수학을 잘하는 친구를 이겨보려고 머리를 싸매고 수학 공부를 했다. 그런데 애를 써도 그 친구를 따라잡을 수가 없었다.

어느 날 밤, 가필드는 공부를 끝내고 잠자리에 들려고 할 때 건너편 그 친구의 기숙사 방에 불이 켜져 있는 것을 보았다.

불을 끄고 가만히 지켜보니, 정확히 10분 후에 그 방의 불이 꺼졌다.

"결국 10분이 저 친구와 나의 차이였군."

그날 이후 가필드는 10분씩 공부하여, 수학에서 결국 그 친구를 따라잡을 수 있었다.

● 켈빈쿨리지 대통령

미국의 켈빈쿨리지 대통령은 오늘날 미국이 세계 초강대국이 되는 기반을 닦은 대통령이다. 어느 날 쿨리지 대통령 내외가 비서와 시골에 있는 친구의 농장으로 휴가를 떠났다. 부인은 비서와 함께 농장구경을 하고 있는 중 수탉이 교미를 하느라 수선을 피우는 모습을 목격했다.

"수탉은 하루에 몇 번이나 교미를 하지요?"

"글쎄요. 한 열 번도 더할걸요."

"어머 그래요? 이 사실을 대통령께 꼭 말씀드렸으면 좋겠어요."

"상황을 봐서 전해 드리겠습니다."

비서가 잠시 후 그 사실을 전하자 쿨리지 대통령이 빙긋이 웃으며 물었다.

"그 수탉 참으로 대단하군. 그런데 매번 같은 암탉과 교미를 하는가?"

"아닙니다. 할 때마다 파트너가 바뀌거든요."

"그런가? 그렇다면 그 사실을 아내에게 확실하게 꼭 말해 주게."

비즈니스 유머

비즈니스 유머 활용을 위한 10가지 노하우

1. 내가 행복해야 고객을 웃게 할 수 있다. 내 감정을 점검하라

내가 가장 행복하게 웃는 사진을 책상에 붙여 놓아라.

기분이 처질 때 보면 좋은 기운이 생긴다.

2. 유머 쪽지나, 문자, 메일을 활용하라

재미있는 유머를 문자나 메일로 나누고 공유하라.

3. 유머 이벤트를 만들라

나의 상호나 기타의 것을 소재 삼아 삼행시를 짓거나, 재미있는 유머, 성대모사, 장기자랑 등 영업장을 이용하여 한 달에 한 번씩 이벤트를 하여 선물을 주거나, 추첨을 통해 발표식으로 해본다.

  • 천지연(사우나)
    천–천하제일의 사우나
    지–지금 바로 전화주세요
    연–연락주시면 바로 서비스 배달 갑니다.

4. 영업장 분위기를 재미있고 신선하게 바꾸어 본다

5. 기타의 명목으로 다양한 파티를 자주 열어라

파티라고 해서 무조건 규모를 크게 하거나 돈이 드는 것만 있는 것은 아니다. 요즘은 주변에서 각자의 업장을 홍보하기 위해 1인당 식사비 정도의 저렴한 비용으로 사람들을 모이게 해서 이벤트를 준비하고 있다.

6. 특징을 담아 나만의 명함을 만들어라

어느 분은 명함을 내보이는 동시에 자신의 삼행시를 하거나 나무젓가락을 집어 명함을 두 쪽으로 내는 묘기를 보이기도 한다. 어느 여성분은 명함 뒷면이 거울로 되어 자신의 얼굴을 볼 때마다 상대의 이름을 어쩔 수 없이 외우게 하거나 노안인 분들을 위해 얇은 돋보기에 자신의 이름을 새겨 넣은 경우도 있었다.

7. 친절을 무기로 삼아라

친절은 여유와 자신감의 표현이다. 친절하지 않으면 유머의 리더십을 발휘하기 어렵다. 부드럽고 친절하며 정중한 언어를 골라 사용하라.

8. 말은 단순하고 짧게 하되 고객이 듣고 싶은 말을 하라

사람들이 링컨에게 사람의 다리길이는 어느 정도가 적당하냐고 물으니 "땅에 닿을 만큼."이라고 했다 한다. 마크트웨인 소설가가 "나는 짧은 편지를 쓸 시간이 없어 길게 썼다."고 할 정도로 짧게 하는 것은 훈련이 필요한 힘든 일이다. 사설을 줄이고 할 말을 하되 핵심은 잊지 말고 정확히 전달하라.

9. 눈에 보이는 듯 하라

대중에게 파고드는 말은 듣는 사람이 무엇보다도 말을 통해 선명한 그림을 눈앞에 그릴 수 있어야 한다. '손에는 안 녹지만 입에서는 녹아요, 비가 와도 뭉치지가 않네요.' 등

10. 고객들의 웃음을 위한 공간을 활용하라

재미있는 영상이나 그림, 톡톡 웃음이 터지는 유머를 즐기게 한다. 유머러스한 분위기는 고객과의 거리를 단축시킨다.

Humor
Humor

비즈니스 유머

● **헤어 에센스** 

대머리 이발사 : 손님! 이걸 바르시면 머리카락이 쑥쑥 납니다.

손님 : 아니, 어이가 없네. 당신, 머리카락도 없으면서 어떻게 이런 걸? 당신 머리나 자라게 할 것이지.

대머리 이발사 : 손님! 제 친구는 가슴이 없는데도 브레이지어를 팔고 다니는데요?

● **1등의 비결**

신참 직원 : 선배님! 어떻게 해야 1등을 할 수 있지요?

1등 세일즈맨 : 별다른 비결 없다네. 그냥 남의 집 초인종을 눌러 안에서 아줌마가 나왔을 때 "아가씨, 엄마 집에 계세요?" 하고 물은 것뿐!

● **높은 곳으로의 근무**

말단 직원 : 이럴 수가 있남? 이래 봬도 내가 대졸자인데 허구한 날 복사라니, 내 참 이거야.

그렇게 며칠을 보낸 직원은 사장님께 따지러 갔다.

말단 직원 : 사장님! 제가 대졸자라구요. 왜 복사만 시키세요. 저를 높은 곳으로 올려주세요.

사장님 : 그래? 자네 아주 아주 높은 곳으로 올려 보내줄까?

말단 직원 : 네, 감사합니다. 야호!

사장님 : 그렇게 좋아 할 일 아닐텐데……. 흠~ 내일부터 8층에서 복사를 하게.

● **그럴 리가?** ??

사장님이 며칠 결근하고 나온 달수에게 물었다.

"자네는, 사람의 부활에 대해 어찌 생각하는가?"

"참, 사장님도, 죽은 사람이 어떻게 살아나요? 생각할 여지도 없죠."

"후후. 며칠간 자네 장인이 돌아가셨다고 결근했지? 지금 그 장인이 부활해서 전화를 거셨구만."

● 진급

장모님이 오시기만 하면 사위에게 묻는다.

"이보게 사위. 올해는 네트워크 사업한다더니 진급했는가? 아닌

가? 자네 밑에 사람은 들어왔구? 쯧쯧."

사위는 장모만 왔다 하면 죄를 진 듯 주눅이 든다.

제발 안 오셨으면 하는데 자주 오신다.

다시 방문한 장모가 묻는다.

"이번에도 자네가 제일 끝이지 밑에 사람이 있기는 하구?"

"그럼요 어머님. 어느덧 제 밑엔 2,500명이나 있는걸요!"

"그래? 자네 헤드 사업자가 된거야?"

"뭐 꼭 그렇다기보다는 회사 사무실이 15층으로 이사를 했거든요."

● 약속을 지켜야지

저를 뽑아 주시면 국민만을 위해 열심히 일하겠습니다.   국회의원

이런 고장은 이번이 처음입니다.   ○○ 제품 A/S기사

열과 성, 혼까지 담은 시공.   ○○ 건설회사

지하철역에서 걸어서 5분.   신축아파트 광고

얼굴보다 마음이 중요하죠.   노총각

● **지폐들의 만남**

천 원짜리 지폐와 만 원짜리, 오만 원짜리 지폐가 만났다.

"그동안 잘 지냈어?"

그러자 오만 원짜리가 대답했다.

"응, 카지노도 갔었고, 유람선 여행도 하고, 또 야구장에도 갔었지.

넌 어땠어?"

그러자 만 원짜리가 말했다.

"나야 뭐 늘 그렇지! 교회……."

"그럼 넌?"

천 원짜리가 말했다.

"나? 성당……. 또 성당."

● **타당한 이유**

명수 : 사장님, 아무리 생각을 해봐도 우리 회사에서는 저 혼자만

톱니바퀴처럼 일하는 것 같아요. 월급을 올려주셔야 될 것 같네요.

사장님 : 진심으로 자네 혼자만 일하는 것 같나?

명수 : 당연하죠. 아무리 생각해도 이 회사에서는 저만 톱니바퀴처

럼 일하죠.

사장님 : 이봐! 톱니바퀴가 혼자 돌아가드나?

● 난 아니거든

여배우 : 아니, 진정 당신이 예전에 나랑 연기했던 김C에요? 이렇게
지저분한 식당에서 일을 하다니……. 오우 NO~.

김C : (의연한 모습으로 음식을 내려놓으며)그렇지도 않아. 그래도 이렇게
지저분한 식당에서 음식을 먹지는 않거든!

● 어불성설

온천광고 – 피부병에 특효가 있습니다.

안내 – 피부병 환자 출입금지.

● 눈은 작아도

개그맨이자 방송전문 MC인 김제동씨가 팬으로부터 질문을 받았다.

"김제동 씨는 눈이 작은 게 콤플렉스죠?"

그 질문에 김제동 씨가 대답했다.

"저는 눈이 작아서 지금까지 한 번도 눈병에 안 걸려봤기에 눈이 좋
습니다."

이런 김제동 씨의 대답에 사람들이 웃자 김제동 씨가 말을 좀 더 붙
였다.

"저는 눈이 작아서 사람을 볼 때 눈으로 보지 않고 마음으로 봅니다."

● 구두닦이의 마케팅

경기가 나빠지다 보니 구둣방의 매출이 떨어지기 시작했다. 이 위기를 극복하기 위해서 반짝이는 아이디어를 냈다.

'구두 한 짝 무료로 닦아 드립니다.'라고 문 앞에 문구를 써 붙였다.

그리고는 안으로 들어오는 사람들에게 웃으며 말했다.

"나머지 한 짝은 3000원입니다."

● 달과 6펜스

서머셋 모옴이 무명작가 시절 『달과 6펜스』라는 책 한 권을 출판했다. 무명작가라서 책이 거의 팔리지 않자 출판사에서도 광고를 포기하고 알아서 하라고 하자, 서머셋 모옴은 고민 끝에 신문광고를 냈다.

"배우자를 찾습니다. 나는 스포츠와 음악을 좋아합니다. 그리고 성격이 좋은 백만장자입니다. 내가 찾는 이상형은 서머셋 모옴의 『달과 6펜스』라는 책에 나오는 여주인공과 같은 여인입니다. 이것을 보시고 본인이라고 생각하시는 분은 아래의 연락처로 연락주시기 바랍니다.

얼마 후 『달과 6펜스』는 베스트셀러가 되었다.

● 입구

미국의 대형마트가 양쪽으로 들어서면서 한쪽 가게엔 최고의 품질,
다른 가게는 최저가격이라고 써 놓으니 가운데 낀 작은 가게가 망
하기 직전까지 가게 되었다.

다음 날 작은 가게 입구에는 이렇게 쓰여 있었다.

"이곳이 입구입니다."

● 전략

미용실이 손님이 도무지 없자 문 앞에,

"8천 원짜리 커트 5천 원에 해드립니다."라고 써 붙였다.

순간 옆 가게 손님들까지 우르르 몰려갔다.

손님을 몽땅 빼앗긴 미용실에는 다음 날 이렇게 적혀 있었다.

"5천 원으로 망친 머리 멋지게 고쳐 드립니다."

● 체인점 

지하도에서 거지가 양손에 깡통을 든 채 구걸하고 있었다. 지나가
던 행인이 깡통에 동전을 넣으며 물었다.

"무거울 텐데 대체 깡통을 왜 2개나 들고 있죠?"

그러자 거지는 이렇게 대답했다.

"요즈음 들어 장사가 잘돼서 체인점을 하나 더 냈거든요. 히히."

성경책 판매원을 모집하는 광고에 한 남자가 응모하여 면접시험을 보았다.

"저어어는 서서서엉겨엉책 파파안매에원이 대대에고오싶습니다."

면접관은 말을 더듬는 이 사람의 판매능력을 도저히 믿을 수가 없었고 남자는 결국 떨어졌다. 하지만 타 회사에서는 이 남자의 잠재력을 보고 뽑았다. 그런데 말 더듬는 남자의 판매율은 하늘을 찌를 듯이 올라갔고 회사에서 성경책 판매 1위가 되었다. 회사에서는 말 더듬는 남자의 판매방법을 사람들에게 강연할 수 있는 기회를 만들어 주었다. 말 더듬는 남자는 성경책 판매방법 노하우를 사람들에게 말했다.

"이이건 아아주 가가간다단합니다. 우우우선 초초인종을 누누루고 사사사라라람이 나오면 이이렇게 마마알하암니다. 서서서성경책을 사사시겠읍니까? 아니면 제제제가가 드드드들어가서 이이이읽어 드드드드릴까요?" (이러면 듣기 싫어서 사주고 얼른 보낸다)

● **보안관의 오해**

악명 높은 죄수가 대담무쌍한 탈옥을 감행했는데 탈옥 전에 찍어놓은 그의 사진이 있었다. 앵글을 달리 해서 촬영한 넉 장의 사진이었다.

연방수사국은 그 사진들을 복사해 전국 경찰서장들에게 보내면서 그가 체포되는 즉시 워싱턴의 수사본부에 알리라고 지시했다.

이튿날 연방수사국에는 남부의 작은 도시를 맡고 있는 야심적인 보안관으로부터 텔레타이프를 통해 통신문이 들어왔다.

"사진들을 받았음. 체포에 불응해서 네 명 모두 사살했음."

● **되게 그러네**

경상도 할머니 한 분이 독립기념관에 나들이를 갔다.

한참을 돌아다니느라 피곤하신 할머니가 의자에 앉아 쉬는데 경비원이 다가와서 말했다.

"할머니! 이 의자는 김구 선생님이 앉던 자리입니다. 앉으시면 안 돼요."

그래도 할머니가 태연히 앉아 있자 경비원은 다시 한 번 김구 선생의 의자이니 비켜달라고 부탁했다.

경비원의 말을 가만히 듣던 할머니가 화를 벌컥 내며 한마디 했다.

"아, 이 양반아! 주인 오면 비켜주면 될 거 아이가!"

● 가장 듣고 싶은 소리

자동차사고로 죽은 세 친구가 천당 어귀에서 질문을 받았다.

신 : 식구들이 그대의 죽음을 슬퍼할 때 어떤 소리가 가장 듣고 싶었는가?

친구 1 : 내가 훌륭한 의사였고 훌륭한 가장이었다는 소리가 듣고 싶었습니다.

친구 2 : 훌륭한 남편이자 훌륭한 교사였다는 소리가 듣고 싶었습니다.

친구 3 : 그들의 입에서 "이봐, 이 사람 움직이고 있잖아!" 라는 소리가 나와줬으면 했습니다.

인간관계를 좋게 하는 6가지 원칙

1. 손해 본 듯 살아라

인간관계에 있어서는 어떤 관계이든 서로 간 믿음이 기본이 돼야 하고 만남에 있어서 성실해야 한다. 인생을 살면서 나에게 미안한 마음을 갖는 사람이 많고 신세를 진 사람이 많으면 많을수록 잘 살아 온 것이다. 받기보다는 주기를, 약간 손해 본 듯 살아가는 것이 좋다.

2. 상대를 진심으로 배려하라

유머의 기본 바탕은 상대방을 배려하는 마음이다. 직설적인 표현보다는 감정을 자제하며 우회적으로 표현함으로써 상대에게 상처를 덜 주게 된다. 무엇보다 중요한 것은 유머를 통해 내가 먼저 웃게 되면, 화도 수그러들게 되므로 남을 배려하는 것이 곧 내가 좋게 되는 결과가 된다.

3. 내 편을 찾아라

즐거운 사람 곁에 사람이 더 모이는 것은 당연한 일이다. 사람이 재산이라는 생각으로 한 사람 한 사람을 소중히 여기고 관계에 있어서 진실과 신뢰를 주어라.

4. 감정을 관리하라

유머를 즐기다 보면 감정 다스리기는 기본이 된다. 내키는 대로 표현하지 말고 그럴수도 있으려니 상대의 입장을 다시 한 번 생각해보라.

5. 직설적으로 표현하지 말라

직설적인 표현보다는 유머를 활용하여 우회적으로 돌려라. 오히려 상대가 미안하게 생각할 것이다.

6. 상대를 무조건 칭찬하라

예쁘게 보려 하면 예뻐 보이고 밉게 보자고 작정하면 미운 것만 눈이 들어오기 마련이다. 미운 사람 떡 하나 더 주는 심정으로 상대의 장점만 보려 노력하라. 장점이 보이면 바로 칭찬하라.

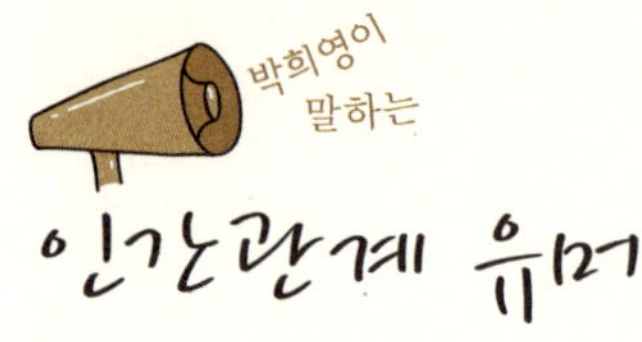

● **재치 있는 대답**

어느 날 큰 실수를 저질러 왕의 노여움을 사게 되어 사형에 처해지게 된 신하가 있었다.

왕은 그동안 자신을 위해 애써왔던 신하의 공을 생각하여 마지막으로 소원을 들어주기로 하고는 신하에게 물었다.

"네가 큰 잘못을 저질렀으니 각오가 되어 있겠지? 하지만 그동안의 너의 공을 생각하여 소원 한 가지를 들어주려는데, 어떤 방법으로 죽기를 원하느냐?"

"폐하! 소인은 늙어서 제명대로 죽기를 소원합니다."

● **비결**

재산이 많은 80대 노인이 새장가를 들게 되었다.

너무나 부러워한 친구들이 그에게 물었다.

"여보게 친구, 어떻게 30대 여자와 새장가를 들게 되었나?"

"그거야 간단하다네. 내 나이를 95세라고 속였지!"

● 내 방식

40세가 되도록 장가도 못간 노총각이 술집에 들어갔다.

"어떤 여자든 나랑 우리 집에 가서 내 방식대로 살면 3억을 주겠어."

"어머! 정말? 저요, 저요. 제가 갈게요."

한 여자가 냉큼 나섰고 둘은 함께 남자의 집으로 왔다.

며칠을 살던 여자가 궁금하여 물었다.

"자기야, 도대체 당신이 말했던 나만의 방식이 뭐예요?"

그러자, 남자가 천연덕스럽게 웃으며 말했다.

"그거? 별거 아냐. 외상!"

● 복수

새벽 4시에 위층의 전화벨 소리에 잠이 깼다.

"당신네 개가 짖는 소리 때문에 한잠도 못 자겠소."

아내는 전화해줘서 고맙다고 인사한 후 전화를 끊었다.

다음날 새벽 4시에 아내가 위층 사람에게 전화를 걸었다.

.

.

"선생님, 저희 집에는 개가 없습니다."

● 일본 여자

경상도 여자 둘이 지하철에서 시끄럽게 떠들고 있었다.

참다못한 정의의 사도 재석이가 말했다.

"좀, 조용히 해 주시겠어요?"

그러자, 경상도 여자 중 한 사람이 쩌렁쩌렁한 목소리로 말했다.

"뭐라꼬? 이기다 니끼다 이기가?"

그러자, 재석이는 같이 있던 동료에게 돌아서며 말했다.

"거봐, 내가 뭐랬어? 일본 여자라고 했잖아."

● 애인과 헤어진 후 열 받을 때

1. '패밀리 요금'으로 여자친구에게 신청해준 휴대전화의 요금청구
   서가 날아왔을 때.

2. 그새 손가락이 부었는지 커플링이 손가락에서 안 빠질 때.

3. 헤어지고 난 다음날이 밸런타인데이거나 내 생일일 때.

4. 휴대전화기에 붙여둔 그녀의 스티커 사진이 질기게 안 떨어질 때.

5. 옛날에는 하루도 못 가던 휴대전화 배터리가 3일이 넘었는데도
   그대로일 때.

6. 그녀에게 선물 받았던 옷을 버릴까 하다가 아까워서 입고 나갔는
   데 하필이면 그녀랑 마주칠 때.

7. 그녀에게 선물로 사줬던 옷의 카드대금이 아직 남았을 때.

8. 아직 못 돌려받은 내 사진을 달라고 했더니 "불 질렀다."고 할 때.

● 취직

취직이 안 돼 몇 달을 놀던 정일이가 겨우 개인회사에 취직을 했다.

사장은 정일이를 따뜻하게 맞아 주면서 말했다.

"이보게, 보다시피 여직원도 없고 자네와 나 둘이니 열심히 해보세."

"참, 우선 사무실 안을 구석구석 청소부터 하지. 여직원이 없으니."

청년은 입을 씰룩거리며 투덜댔다.

"전 대학출신이라고요."

사장은 매우 미안하다는 표정을 짓더니, 이렇게 말했다.

"아, 미안미안! 내가 그걸 깜빡 했군. 빗자루를 이리 주게.
내가 비질을 아주 잘하는 방법을 가르쳐 줄 테니."

● 여자 사오정

어느 날, 총각이 맞선을 봤는데 식사로 돈가스 정식을 시켰다.

그때 실내에서는 클래식 음악이 잔잔하게 흘러나왔는데, 어색한 분
위기도 바꿀 겸 청년이 속삭이듯 조용히 물었다.

"저어, 이 곡이 무슨 곡인지 아시나요?"

그러자 아가씨가 음식을 천천히 씹으며 자신있게 대답했다.

"이 고기는,

.

.

돼지고기죠."

● **나열식 구성**

어느 정신병원의 독서시간.

방에서는 몇 명의 환자들이 두꺼운 책을 놓고 열띤 논쟁을 하고 있었다.

환자 1 : 이 책은 말이야 너무너무 나열식이야.

환자 2 : 맞아 게다가 등장인물이 너무 많아서 머리가 아파 누가 누군지도 모르겠고.

환자 3 : 대체 이렇게 두꺼운 책을 어떻게 읽으라는 건지.

논쟁이 오갈 때 간호사가 들어오며 말했다.

.

.

"어느 분이 전화번호부 가져갔죠?"

● **딸에게 쓰는 편지**

"말 시키지 마. 내 딸에게 편지 쓰는 중이야."

"왜 그렇게 천천히 쓰지?"

"내 딸은 글을 빨리 읽지 못하거든."

● 광고

귀금속 사장이 신문사 광고부에 전화를 걸었다.

사장 : ㅇㅇ신문은 확실히 대단한 광고효과가 있는 거 같아요.

신문사 광고부장 : 물론이죠. 얼마나 매출이 늘었는데요?

사장 : 그랬으면 좋게? 신문에 경비를 구한다고 광고를 냈더니 도둑이 다 털어갔네.

● 네가 무슨 수로?

여자 혼자 사는 집에 도둑이 들었다.

"꼼짝 마! 내말에 순종하면 목숨만은 살려주겠다."

이 여자는 어이없어 웃으며

"당신이 아무리 훌륭하고 능력 있다고 해도 내가 믿을 줄 알아? 의사가 3개월밖에 살지 못한다고 했는데 니가 나를 살려줘?"

● 아마추어 사진작가 

아마추어 사진작가가 식사 초대를 받아 가게 되었다.

식사 도중 자신이 찍은 사진을 보여주니 주인이

"어머! 카메라가 최신형인가 봐요. 아주 잘 나왔네요."

이에 사진작가는 자존심이 상한 듯

"밥솥도 아주 좋은 모양이에요. 밥이 아주 맛있어요."

모 기관에서 '당신을 설레게 하는 여성의 행동(몸짓)에는 어떤 것이 있습니까?' 라는 설문조사가 있었다.

행동(몸짓)은 그 사람의 내면을 나타내는 것이다.

여성의 어떤 몸짓이 남성을 두근거리게 하는 것일까?

• **제 10 위 머리를 묶는다**

먼저 10위에 오른 것이 이것.

머리카락을 묶고 있을 때의 목덜미, 한복을 입었을 때의 목선.

머리를 묶을 때에 여성이 신경을 써야하는 것은 아줌마 머리 묶기(일명 질끈 묶기)로부터 탈피해야 한다는 점.

머리카락을 묶을 적당한 고무줄을 가지고 다니는 편이 좋겠다.

이왕이면 헤어밴드, 귀염성 있는 고무밴드 등 여성스러움을 어필할 수 있는 것이면 OK.

• **제 9 위 눈을 감는다**

무방비의 대명사이기도 한 '눈을 감는다'

자신은 안심하고 있다는 인상을 남성에게 준다. 이때 신경 써야 할 점은, 모든 것을 OPEN 하고 있다는 자신의 지나친 무방비를 상대방에게 나타내지 않는 것.

입가나 입술은 야무지게 하여 밸런스를 맞추는 것이 중요하다.

잠을 자고 있더라도, 베개에 머리를 대고 살포시 감고 있는 듯한 인상으로 입을 헤~ 벌리고 침을 질질 흘리는 것은 좀 피하자.
백설 공주가 독사과를 먹고 잠에 빠진 그 모습으로!

• 제 8 위 헤어질 때 손을 흔든다

의외로 손을 흔드는 방법에 따라 성격을 나타낸다고 한다.
손바닥을 펴면 활기찬 인상으로, 손바닥을 모으면 섬세하고 우아
한 이미지가 된다고 한다.
손을 흔드는 빠르기에서 당신의 마음이 전해진다는 말도 있다.
"헤어지기 아쉽네." 라는 메시지를 감지할 때도 있다고 한다.
손을 흔들 때, 덜렁덜렁거리는 팔뚝살이 그의 눈에 걸리지 않도
록 하는 것은 당연. 평소부터 팔뚝의 웨이브가 심해지지 않도록
단련해두자.

• 제 7 위 옷에 붙은 먼지, 이물질을 떼어준다

세세한 곳까지 신경을 써주는 행동에 그는 엄청나게 기뻐하게 된
다고 한다. 여성스러움에 친절함까지 더해져, '당신을 보고 있습
니다'라는 느낌의 행동. 그러나 너무 해버리면…….
'엄마 같은 여자'가 되어버리는 위험성도…….
남성을 살짝 돌봐주는 정도로 끝맺어 주는 것이 중요하다.

• 제 6 위 걷고 있을 때, 상대 옷의 소매를 잡는다

남성에게 '당신에게 의지하고 있다'라는 인상을 주는 행동.

지켜주고 싶다는 남성의 본능을 쿡쿡 건드려 준다고 한다.

이미 사귀고 있는 분들도 이런 조그마한 행동이 사랑의 조미료가 된다고.

- 제 5 위 넥타이를 고쳐 매어준다

넥타이는 남성의 전투복.

여성이 생각하고 있는 이상으로 중요한 것이다.

비즈니스 상황에서도 외모, 차림새는 중요. 넥타이를 고쳐 매어 주는 행동은 남성의 일을 응원하고 있다는 메시지로 표현된다.

- 제 4 위 묶고 있던 머리카락을 풀어 내린다

머리카락을 묶는 행동이 좋다. 하지만 풀어 내리는 행동도 좋다! 10위에 랭크되어 있던 '묶는 행동'이지만, 풀어 내리는 행동은 OFF 모드가 되는 때를 나타내기 때문에 4위.

- 제 3 위 눈을 위로 치켜뜨면서 남성을 본다

(일종의 얼짱각도?) 이전, 모 금융 CM에서 치와와가 초롱초롱한 눈으로 위를 치켜보는 시선에 마음을 빼앗긴 사람도 많기 때문에? 그런 눈으로 봐 버리면, 당연. 그렇지만, 너무 버릇 되어 버리면 그에게 스트레스가 되어버릴지도 모른다.

"또, 먼가 조르고 있는 거냐."

"지금은 그런 기분이 아닌데~ 아~ 피곤해."

라고 생각할지도 모르니까. 올려다보기도 그의 상태에 맞춰서 적당히 쓰는 현명함으로 효과를 보도록 하라.

• 제 2 위 머리카락을 쓸어 넘긴다

머리카락은 성적의미를 포함하고 있는 것이라고 말해지고 있습니다.

여성이 무의식적으로 머리카락을 만지는 행동도 남성으로부터는 섹시하게 보이는 것 같다.

여기서 포인트는 어디까지라도 '무의식'으로 할 것!! 의식해서 빈번하게 해버리면 품격 없는 행동으로 변해버리기 때문에 주의하기. 특히, 비즈니스와 관계된 장소에서는 가능한 피하는 것이 현명한 여성이라고 말할 수 있겠다.

• 제 1 위 다리를 바꿔 꼰다

당당히 제 1 위에 선택된 것은 '다리를 바꿔 꼰다'라는 행동!

다리를 좋아하는 남성은 여성이 생각하는 것보다 많다고 한다.

중요한 것은, 천박해 보이지 않도록 하는 것. 다리를 바꿔서 꼬는 것뿐만 아니라 평상시 다리의 포즈를 연구해 꼬는 방법 자체를 더욱 아름답게 보이도록 의식하면 더욱 매력적인 다리 라인을 연출할 수 있다.

● **짜증나는 아줌마**

전철 안에서 자리가 나자 앞에 앉으려는 여학생을 과감히 밀치고 얄미운 아줌마가 달려가 앉았다. 여학생이 어이가 없다는 표정으로 쳐다보니, 아줌마 오히려 화를 내며

"이 가스나가 어디서 눈을 똥그랗게 뜨고 쳐다보는거야? 버르장머리 없게."

주위 사람들이 여학생의 대답에 다 쓰러지고 말았다.

"아줌마는 눈을 네모나게 뜰 수 있나요?"

● **그것도 몰라?**

할머니가 오랜만에 여고 동창회에 갔다.

"오랜만에 모였는데 교가 한 번 부르자."

그런데 아무도 교가를 모르는 거였다.

"어쩜 니네들 교가도 모르니? 난 알아!"

"동해물과 백두산이~~~ 마르고 닳도록~~"

친구들은 서로 나도 알아 하며 따라 불렀다. 집에 가서 할머니가 할아버지에게

"애들이 교가를 몰라서 나 혼자 부르니, 모두 따라 부르더라구!"

"그래? 당신네 교가 한 번 불러봐!"

"동해물과 백두산이~~"

듣고 있던 할아버지,

"아니, 그럼 당신도 나랑 같은 고등학교를 나왔소?"

● **운이 좋은 사람은**

1. 횡단보도에 오자마자, 신호등이 파란불로 바뀐다.

2. 시작 5분 전에 공부한 부분에서 시험문제가 나온다.

3. 30분 늦어 약속장소에 도착했는데 상대방도 그 시간에 도착한다.

4. 백화점 오픈 날에 겨우 새치기했는데, 100번째 손님으로 뽑혀 냉장고를 탄다.

5. 버스를 타고 가다 잘못 내려 앞에 있는 복권가게에서 난생 처음 복권을 샀는데 1등에 당첨된다.

6. 우산을 안 갖고 나갔는데 화장실에 예쁜 우산이 임자 없이 놓여 있다.

7. 옥상에서 빨래를 걷자마자 소나기가 쏟아진다.

8. 머리에 껌이 붙어 마지못해 커트했더니 그 헤어스타일이 대 유행이 되었다.

9. 공부와 담쌓고 실컷 놀고 결혼했는데 모든 것을 다 갖춘 남자를 만나서 공주 대접 받고 아이들도 공부 1등만 한다.

10. 평소 점찍어둔 물건을 사러 백화점에 갔는데 그 순간 반짝 세일을 해서 70%로 싸게 산다.

● **임금님의 개**

임금님의 개가 있었다. 이 개는 할 줄 아는 거라고는 끄덕끄덕밖에 없었다. 임금님은 개에게 도리도리를 시키는 사람에게는 상금을 주겠다고 명하였다. 그러자 많은 인파가 상금을 얻기 위해 몰려들었다. 그러나 모두 허사였다. 마지막 한 사람이 남아 있었다. 임금이 그에게 물었다.

"자네는 이 개를 도리도리하게 할 자신이 있는가?"

"물론입니다. 폐하."

"자, 어서 시작해보게."

"예!"

그러자 그 사람은 가방에서 벽돌을 꺼내었다. 그러더니 힘껏 개에게 벽돌을 날렸다. 개는 깨갱 거리면서 임금님 뒤로 숨었다. 그런 뒤에 그 사람이 개에게 물었다.

"또 맞을래?"

'도리도리'

와우~ 드디어 도리도리를 한 것이다. 그런데 이 일이 있은 뒤 며칠 뒤에 부작용이 일었다. 그 개는 이제는 도리도리만 하고 끄덕끄덕은 전혀 하지 못하는 불구가 되었다. 임금은 다시 명하였다. 개에게 끄덕끄덕을 시킨 자에게는 도리도리 사건보다 더 후한 상금을 내린다고. 이 명이 떨어지기 무섭게 도리도리 사건의 그 남자가 돌아왔다. 그리고 이 한 마디를 내뱉고 상금을 챙겨갔다.

"너 나 알지?"

● 심각한 어느 여대생의 일기

난 오늘도 생면부지의 남자와 잠자리를 같이 했다.

대체 이번이 몇 번째인가? 이젠 세는 것 마저 별 의미가 없을 지경에 이르렀다. 오늘도 역시 잠에서 깨어보니 허리는 쑤시고 골반이 땡긴다. 피곤하기도 하고. 미치겠다. 자세가 좋지 않았었나 보다. 자세에 신경을 써야 했는데. 이제 후회해도 소용없고 몸이 영 말을 듣지 않는다. 내가 언제 잠이 들었는지도 기억이 안 난다.

그리고 여전히 오늘도 다른 낯선 남자가 옆에서 쿨쿨 자고 있다. 흠, 자세히 보니 다행히 잘 생겼다. 아. 이게 문제가 아니다. 이번이 처음은 아니다. 바로 어제도 생전 첨보는 남자가 내 옆에서 자고 있었다. 어제는 아버지뻘 되는 남자였다. 잠을 자는 남자가 매번 다르다. 정신을 차려야겠다고, 인간이 되자고 그렇게 내 자신에게 다짐 했건만 뜻대로 되지 않는다. 내 자신이 정말로 밉다. 지난번에도 자고 있다가 친구한테 들키는 바람에 망신을 톡톡히 당한 적도 있었다. 아. 난, 정말 구제할 수 없는 인간이란 말인가?

.

.

이젠, 전철에서 그만 자야겠다.

● 염라대왕의 고민

최근에 벌어진 여러 상황들 때문에 옥황상제는 염라대왕에게 명퇴를 권했다. 염라대왕은 억울했다. 그 모든 건 바로 한국인들 때문이라고 생각했다. 나이를 먹어 눈이 침침해지긴 했지만, 사실 한국인들은 성형수술과 연예인 따라잡기를 통해 모두가 비슷하게 생겼기 때문에 천당 갈 사람을 지옥에 보내고 지옥에 보낼 사람을 천당으로 보냈기 때문이었다.

게다가 지옥으로 보낸 한국인들은 '찜질방'에서 단련된 체력을 바탕으로 오히려 지옥생활을 더욱 즐기고 있었다.

오늘도 지옥에서 들려오는 염라대왕을 좌절케 하는 이 한 마디.

"얘들아, 유황불 나왔다. 들어가자."

● 독설가 존슨

극작가이자 시인이며 평론가인 벤 존슨은 어디에 초대되어서도 내온 음식을 흉보는 것이 버릇이었다. 그것도 아주 지독하게 깎아내리고 혹평을 하므로 함께 식사하던 사람조차 식욕이 없어지고 분위기는 엉망이 되곤 하였다.

어느 날 그가 식탁에 나온 음식을 보자 이것은 영락없이 '돼지 먹이'라고 혹평했다.

그런데 이 말을 들은 그 집 아주머니가 만만치 않은 사람이었다.

"어머나! 그래요? 그렇다면 한 접시 더 드려야 겠군요."

그 후로 벤 존슨은 자기의 독설을 삼가게 되었다.

● **번호표를 뽑아 오세요**

한창 바쁜 은행에 덥수룩한 얼굴을 한 40대 남성이 막 바로 창구로
다가 갔다.

"속도위반 벌금 내러 왔어요."

라고 남자가 말하자 은행 창구 아가씨가 대답했다.

"번호표를 뽑아 오세요."

"정말 번호표를 뽑아 와야 해요?"

"그럼요. 뽑아 오셔야 돼요."

그러자 이 아저씨 큰소리로,

"왜 번호판을 뽑아 오라고 하는 거야?"

하고는 사라졌다. 한참 후 은행 직원들은 기겁을 했다.

이 아저씨, 자기 차의 차량 번호판을 내밀면서,

"여기 있어요."

유머광고

유머광고란

광고 소구에 있어서 유머의 존재가 말장난, 농담, 돌려 말하기, 아이러니, 풍자, 부조화 등을 사용한 광고를 말한다.

유머광고의 종류

- 누구나 공감하기 쉬운 성적 유머.

  성적인 소재를 이용한 유머광고는 인간이면 누구나 공감하는 공통의 관심사이기 때문에 많이 활용된다.

  ex) 오리온 '오징어땅콩' CF

- 거짓말 같지만 믿고 싶은 과장의 유머.

  광고에 있어 과장의 표현은 소비자들로 하여금 그것이 과장의 표현임을 알아차리게 하는 광고이다.

- 유머광고는 광고 노출자의 광고 집중력을 최대한 끌어올려서 회상력을 집중시킨다.
- 유머광고에 의해 유발된 광고에 대한 긍정적인 감정은 감정이입을 통해 그 상품에 대한 태도에까지 긍정적인 영향을 끼친다.

유머광고의 단점

- 광고 메시지의 이해력을 저하시켜 광고의 주된 목적 가운데 하나인 상품의 장점을 제대로 전달할 수 없다.
- 소비자마다 유머에 대한 센스가 주관적이기 때문에 모든 이에게 골고루 어필할 수 없다.
- 유머광고는 상품의 성격, 광고매체의 성격, 소비자의 성향 등 여러가지 주변 상황에 영향을 받기 때문에 사용 범위가 제한적이며 빨리 식상할 수 있다.

3

여성 유머

　　유머는 남성과 여성에 따라 보편적인 차이가 있는데, 예를 들어 갈등 상황에 놓인 여성과 남성이 있다고 가정했을 때 남성은 재미있는 상황을 연출해서 조화로운 분위기를 만들려고 하는 경향이 있고, 여성은 남성보다 더 빈번히 강도 높게 웃으며 갈등을 무마하고 잘 들어주며 좋은 분위기를 만들려고 노력한다. 이 때문에 TV 프로그램에서 흔히 보면 방청객들이 대부분 여성인 것을 알 수가 있다.

얼마 전 한 연구결과에서 여성의 유머감각이 남성보다 다소 부족하다고 나왔다. 미국 CBS뉴스 온라인판 '심신의학회보Psychosomatic Bulletin & Review'에 실린 이 연구결과는 미국 캘리포니아대 연구팀이 남녀 대학생 각 16명씩을 대상으로 진행한 것이다.

연구팀은 그림만 있을 뿐 캡션이 생략된 만화를 보여준 뒤 이들 학생에게 각자 유머 감각을 발휘해 최대한 재미있게 캡션을 채워달라고 주문했다. 이후 완성된 만화를 일반 독자 80여 명에게 각각 보여준 뒤 웃기는 순서대로 점수를 매기도록 했다. 그 결과 남자 대학생들이 창작한 만화 캡션이 여자 대학생들의 작품에 비해 평균 0.11점 높은 점수를 받았다. 남성들이 유머에 대해 더 높게 점수를 매겨 '웃음 반응도' 면에서도 높게 나타났다.

유머 감각 넘치는 히트 광고나 스타 강사들의 강좌만 봐도 알 수 있듯 단순한 지식과 정보만으로 승부하는 시대는 지났다. 정보도 재미가 없으면 통하지 않고 제압하는 리더보다 포용하는 리더가 각광받는 흐름. 유머는 단순히 남을 웃기는 액션이나 말장난이 아니라 상대의 웃음을 유발시켜 긴장을 풀어주고 스스로도 긍정적인 시각으로 인생을 바라볼 수 있게 해주는 윤활제가 되고 있다.

부부 유머

부부는 닮는다.

결혼 초에는 전혀 이질적이어서 끊임없이 으르렁대지만 살아가면서 이질적인 면이 점점 줄어들고 생각이나 행동까지 비슷해지며 드디어는 모습까지도 닮아 어떻게 기질이 만들어지는가를 쉽게 알게 한다.

자식이 부모 속을 썩히면 어디서 저런 녀석이 태어난지 모르겠다고 역정을 내지만, 자녀는 은연중에 부모를 닮지 이웃 아저씨를 닮는 것이 아니라는 사실이다.

자녀에게 아무리 좋은 얘기를 한다고 해서 달라지는 것이 아니다. 게가 옆으로 기면서 새끼 게에게 앞으로 걸으라는 것과 같을 수밖에 없다. 자녀를 변화시키려면 부모의 자질과 기질이 변하지 않으면 아무 소용이 없다.

1. 남편의 자존심과 마음 다치지 않게 하기

기본적으로 남성과 여성은 뇌의 컴퓨터 프로그래밍이 다르다.

여성은 언어 능력이 발달된 반면, 남성들은 공간 지각력이 발달되었다.

그래서 아내들은 자신들이 얼마나 말을 잘하고 말로 남편들의 맘에 비수를 꽂는지를 잘 모르는 경우가 있다.

대화 좀 하자! 나의 말이 왜 남편으로 하여금 도망치고 싶게 만드는지를 잘 이해하지 못하는 것이다.

"내가 너무 힘들고 아파."라는 호소를 남편들은 "너 때문에~." 라고 남편을 탓하는 것으로 들을 수 있다는 것이다. 남편이 오해할 만한 언어적 공격은 되도록 하지 않도록 한다.

> **언어적 공격. 이것만은 피하자!**
>
> ① 책임 미루기
> 당신 때문에 뭔가 잘못되었다. 라는 의미가 포함된 표현들.
>
> ② 인격에 관한 언어들
> 계획성이 없다, 게으르다, 무책임하다, 이기적이다, 애들에게 관심이 없다, 나에게 애정이 없다 등 배우자의 인격을 부정적으로 단정 짓는 말.
>
> ③ 모욕적인 언행
> 돈도 못 버는 주제에, 제대로 할 줄 아는 게 뭐야? 그래도 남자라고 집안 내력이구만, 아버님도 그러셨다며?
>
> ④ 시도 때도 없는 의심
> 지금 어디야? 누구랑 있는데? 왜 늦어? 뭐해?
> 취조당하는 기분을 들게 하는 말.
>
> ⑤ 남들과의 비교

옆집부부는 해외여행 간다던데, 그 집 남편은 승진했다던데, 엄청 큰 집으로 이사했다던데, 마누라 차 있는데도 불구하고 새로 뽑아 줬다는데 등 이런 비교는 남편들을 점점 궁지로 몰거나 부담감과 자책을 느끼게 하면서 남편들은 묵묵부답, 단답형 대답, 술을 마시고 늦게 들어오는 등 아내로부터 도망을 가려고 궁리를 하게 된다.

2. 위로, 격려로 남편 맘 편하게 하기

생각보다 남성들은 감정에 약하다. 그중에서 화내는 걸 두려워하는 남성들이 많다.

화가 나고 스트레스를 받으면 우리 몸에서는 스트레스 호르몬이 분비된다. 이 호르몬의 작용에 의해 심장박동 빨라지고, 혈압이 상승, 호흡이 가빠지고, 식은땀이 나고, 동공 확대, 가슴에서 뭔가 치밀어 오르는 등 신체적 변화를 느끼게 되는 것이다. 분노라는 감정은 이렇듯 신체적인 변화를 수반하는, 일종의 신호이다. 그런데 이 스트레스 호르몬에 대한 남녀의 반응이 각각 다르다.

여성들은 일단 화가 나고 신체적으로 각성이 되었다가도 스스로 긍정적인 생각을 하고 친구와 수다를 떨며 자신을 진정시키는 능력이 남성들에 비해 큰 것으로 연구 결과 밝혀졌다.

하지만 남성들은 일단 한 번 화가 나면 그걸 진정시키는 것이 여성보다 어렵다.

질환에 걸릴 위험이 같은 나이의 여성에 비해 훨씬 높다.

중요한 점은, 좋은 아내는 남편을 진정시키고 달래주고 위로해

주는 아내이다. 위로란 상대방의 마음을 알아준다는 것 즉 공감, 맞장구, 동조하는 것이다. "그래, 그래, 오죽하면 그러겠어……. 나도 당신 입장이라면 그런 느낌일 거야, 맞아, 맞아 뭐 그런 사람이 다 있지……."

남편의 입장에서 남편을 달래주고 위로하는 유머 섞인 말 한마디가 중요하다.

3. 식사와 부부간의 성을 중요하게 생각하기

식사의 중요성은 알면서도 당연하기에 오히려 지나치기 쉽다.

음식을 먹고 느끼는 포만감, 밥과 반찬을 맛있게 먹고 난 뒤의 포만감을 행복하게 여기는 남편들이 많다는 것이다. 밥과 부부간의 성은 남성들에게 포만감을 느끼게 한다.

4. 5가지 원칙 지키기

하루 조금의 투자로 남편의 기를 살려주자.

① 출근시 배웅하기

출근하는 남편과 함께 엘리베이터 앞까지 나가서 얼굴을 마주하고 "화이팅, 힘내요." 라는 등 자신만의 말 한마디로 남편을 격려해준다.

② 퇴근한 남편 반기기

퇴근 후 돌아온 남편이 밥을 먹고, 씻고, TV를 보거나 컴퓨터를 하도록 30분에서 1시간 정도는 내버려 둔다.

③ 격려와 감사의 말 하기

하루에 한 마디씩 남편의 노고를 격려해주고 감사의 말을 해준다.

④ 남편의 말 공감해주기

남편의 하는 말이 나와 다르더라도 고개를 끄덕여 주며 들어준다. 다 듣고 난 후 다른 점은 차근차근 이야기를 한다.

⑤ 남편 칭찬해주기

하루종일 남편은 전쟁과도 같은 조직생활에서 나름대로 긴장하고 스트레스를 받는다. 상사의 눈치도 봐야하고 동료와의 갈등도 있을 수 있다. 그런 남편이 기를 살릴 수 있도록 하는 것이 아내의 역할이다. 한 가지라도 칭찬해주라.

● **착각녀**

아내 : 자기야! 나처럼 얼굴도 예쁘고 살림도 잘하고 애들도 잘 키

우는 것을 사자성어로 뭐라고 하게? (당연히 금상첨화라는 대답을 기대함)

남편 : 자화자찬?

아내 : 아니~ 그거 아니고.

남편 : 과대망상?

아내 : 힌트 줄게. 금자로 시작하는 말.

그러자 이제서야 남편이 무릎을 탁! 치며 자신 있게 대답하는 말.

남편 : 금시초문!

● **못 쓰는 물건**

일요일 아침, 관리실에서 방송이 흘러나왔다.

"집에 못 쓰는 물건 있으시면 재활용쓰레기장 앞으로 가지고 나와 주세요."

한참 뒤에 관리실 앞마당에는 마누라 손에 의해 남편들이 쭉 끌려 나와 있었다.

● **피장파장**

마누라가 말없이 외박을 하고 들어왔다.

남편 : 어디가서 자고 이제 들어오는 거야?

아내 : 으응~ 내 친구 옥자가 남편이 죽었다고 연락이 와서요.

남편이 아내 친구에게 확인전화를 해보니 아내 친구의 남편은 살아 있었다.

남편 : 아니~ 남편이 살아 있다고 하는데 무슨 소릴하는거요?

아내 : 아니 친구남편의 '거시기'가 죽어서 살려달라고 부탁을 하기에 살려주고 왔어요.

남편 : 뭐 라 고~~??

아내 : 여보, 너무 언짢게 생각 말아요~!! 당신 거시기도 죽으면 옥자가 와서 살려주기로 약속 하고 왔으니깐요.

● 복권당첨

토요일 귀가하던 아내가 편의점에서 로또복권을 한 장 샀다. 잠시

후 복권 추첨이 시작됐고 발걸음을 멈추고 확인하니, 자신이 1등에

당첨된 것이 아닌가! 아내는 남편에게 전화해서 소리쳤다.

"여보 빨리 짐 싸요. 나 로또 1등에 당첨됐어요."

남편이 깜짝 놀라며 말했다.

"정말이야? 설마 꿈은 아닐 테지? 짐은 어떻게 싸야 하지?"

답답한 듯 아내가 남편에게 소리쳤다.

"대충 알아서 짐 싸가지고 집을 나가요!"

● 아내가 더 나은 점

밥도 해주고,(가끔이지만)

그것도 해 준다.(너무 해달라서 탈이지만)

● 국회의원이 더 나은 점

몇 년마다 바꿀 수 있다. 매일 보지 않아도 된다.

● 의사의 진단

한 부부가 병원에 가서 남편의 종합건강진단을 받았다. 그리고 검사가 끝난 뒤 의사는 그 아내를 불렀다. 의사는 그 아내에게,

만약에 지금부터 내가 지시하는 사항을 따르지 않으면 당신의 남편은 죽게 될 것이요.

첫째, 당신은 매일 아침 당신의 남편에게 맛깔스러운 건강식을 주어야 하고,

둘째, 당신은 매일 점심때마다 당신의 남편에게 균형 잡힌 식단을 짜서 주어야 하며,

셋째, 당신은 남편에게 집안의 일로 정신적인 스트레스를 주는 잔소리를 삼가야 하고,

넷째, 당신은 남편에게 짜증을 내거나 화를 내거나 잔심부름을 시키면 안 되며,

다섯째, 당신은 집안을 항상 깨끗하게 청소를 해두어야 합니다. 그렇지 않으면 당신 남편은 죽을 것이요.

라고 말해 주었다.

남편과 아내는 함께 차를 타고 집으로 돌아가는 길에 남편이 아내에게 의사가 뭐라고 하더냐고 물어 보았다. 그러자 아내는 남편에게 퉁명스럽게 말하길.

"당신이 곧 죽을 것이니 마음의 준비를 하래요."

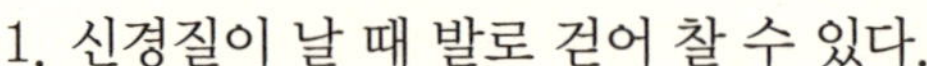

● 아내가 남편보다 개를 좋아하는 이유

1. 신경질이 날 때 발로 걷어 찰 수 있다.

2. 한 집에 두 마리를 길러도 뒤탈이 없다.

3. 개의 부모 형제로부터 간섭 받을 필요가 없다.

4. 외박하고 돌아와도 꼬리치며 반긴다.

5. 데리고 살다가 싫증나서 버릴 때 변호사가 필요 없다.

● 비옷

어느 중년부인이 무려 15명의 아이를 낳았다. 15명의 아이를 받아 낸 산부인과 의사가 산모의 남편을 불러 상담을 했다.

"이제 피임을 해야 한다는 생각이 들지 않으십니까?"

그러자 남편이 인상을 찡그리며 말했다.

"의사 선생님, 그럴 수는 없습니다. 우리에게 아이를 보내 주시는 건 하느님의 뜻입니다."

의사가 말했다.

"그건 맞는 말입니다. 하지만 비도 하느님이 주시는 건데 우리는 비에 젖는 게 싫어 우산을 쓰지 않습니까? 다음부터는 꼭 비옷을 입도록 하세요."

● **남친과 남편**

남친일 땐 나에게 친절하기만 하더니

남편 되니 남의 편만 드네.

남친일 땐 친구같이 편한 사이 되자더니

남편 되니 상전이 따로없네.

남친일 땐 나에게만 매너맨이더니

남편 되니 나가서만 매너맨이네.

남친일 땐 자기 앞에서만 울라더니

남편 되니 지 앞에서 질질짜지 말라네.

남친일 땐 니 꺼 살 돈 아껴 내 꺼 사더니

남편 되니 내 꺼 살 꺼 아껴 지 꺼 살려하네.

남친일 땐 손에 물 한 방울 안 묻혀 준다더니

남편 되니 지 손에 물 한 방울 안 묻히려 하네.

남친일 땐 펜을 꾹꾹 눌러 손 편지도 잘 써주더니

남편 되니 펜을 꾹꾹 눌러 카드전표에 사인만 해대네.

남친일 땐 나, 나, 나, 3종 셋트밖에 모르더니

남편 되니 쇼파, 리모컨, 티비 3종 셋트와 사랑에 빠졌다네.

남친일 땐 태릉선수촌에 입소할 만큼 에너지 넘치더니

남편 되니 루게릭병이더냐 디스크더냐 누워만 있네.

남친일 땐 드라이브가 취미라 여행도 자주 가더니

남편 되니 온라인 드라이브만 하고 있네.

남친일 땐 애기들 좋아해 보육원 자원봉사 한다더니

남편 되니 지자식하나 제대로 돌보지 못하네.

남친일 땐 정신연령 나보다 10살은 위더니

남편 되니 정신연령 아들보다 낮아가네.

남친일 땐 내 마음에 감동만 주더니

남편 되니 내 마음에 감똥만 주네.

● **좋은 아내, 나쁜 아내**

좋은 아내는 천사같이 되려고 한다.

나쁜 아내는 자기가 천사라고 믿는다.

좋은 아내는 조그마한 선물을 받고도 기뻐한다.

나쁜 아내는 뭘 사줘도 잘못 샀다고 구박한다.

좋은 아내는 집안이나 집밖이나 똑같이 대해준다.

나쁜 아내는 밖에만 나가면 천사가 되지만,

둘만 되면 다시 악악거리기 시작한다.

좋은 아내는 조그마한 일이라도

남편이 원하는 것이면 기억을 했다가 해준다.

나쁜 아내는 남편이 원하는 것이라면,

뭐든지 안 된다고 빽빽거린다.

좋은 아내는 남편이 방구를 껴도 생색을 내지 않는다.

나쁜 아내는 차안에서 방구를 크게 뀌고도

남편이 창문을 열라고 하면 못 열게 한다.

좋은 아내는 남편의 실수를 들추어내지 않는다.

나쁜 아내에게는 남편의 실수는 곧 처벌과 처형을 뜻한다.

좋은 아내는 남의 흉을 보지 않는다.

나쁜 아내는 남 흉볼 때 남편이 자기편 안 들어준다고 악악거린다.

좋은 아내는 남편이 아픈 것 같으면 더 잘해준다.

나쁜 아내는 남편이 아프다고 하면,

아프려면 혼자 조용히 아프라고 소리 지른다.

좋은 아내는 남편이 사준 차를 버릴 때까지

고마워하며 운전한다.

나쁜 아내는 남편이 차를 사주면 진작 사주지

여태까지 뭐 했냐고 소리 지른다.

좋은 아내는 희망과 사랑으로 매일을 산다.

나쁜 아내는 절망과 푸념으로 매일을 산다.

좋은 아내는 남편이 실직을 해도 격려하고

직장 찾을 때까지 같이해 준다.

나쁜 아내는 좋은 직장 다니는 남편도 구박을 해서

멀쩡한 직장을 실직하게 해준다.

좋은 아내는 친구들이 자기네들 남편 흉볼 때 끼지 않는다.

나쁜 아내는 자기 남편을 젤 먼저 도마 위에 올려놓고 난도질한다.

좋은 아내는 남편과 같이 식사하는 것을 즐거움으로 생각한다.

나쁜 아내는 식당에서 혼자 맛있는 것 먹다가

남편 친구한테 들키면 남편한테 얘기하지 말라고 신신 당부한다.

좋은 아내는 남편이 주말에 늦게까지 자고 있으면,

더 자라고 조용하게 해준다.

나쁜 아내는 남편이 자기보다 5분 더 자는 걸 눈 뜨고 못 본다.

옆구리를 조용히 찔러준다.

좋은 아내는 화장실에 있는 남편을 위해서

재밌는 잡지를 가져다준다.

나쁜 아내는 남편이 화장실에서 쭈그리고 앉아 있는 걸

눈뜨고 못 본다. 회사 가서 싸라고 소리 지른다.

좋은 아내는 남편이 예쁘다고 말해주면 즐거워한다.

나쁜 아내는 남편이 예쁘다고 말해주면,

언제는 미웠었냐고 다그친다.

좋은 아내는 남편이 이불을 걷어차면 조용히 덮어준다.

나쁜 아내는 남편이 잘 때 이불을 다 뺏어온다.

좋은 아내는 남편한테 새로 나온 양복을 사주고서 기뻐한다.

나쁜 아내는 남편이 새로 양복을 산다고 하면 애인 생겼냐고 다그친다.

좋은 아내는 와이샤쓰를 다리면서 멋있는 남편의 모습을 생각한다.

나쁜 아내는 남편이 샤쓰를 입을라고 하면, 다려놓기 무섭게 쏙쏙

빼입는다고 소리 지른다.

좋은 아내는 남편이 출장을 가서 전화해주면 반가워한다.

나쁜 아내는 남편이 출장을 가서 전화해주면,

할 일 없이 비싼 전화 하려면 출장 가지 말라고 소리 지른다.

좋은 아내는 남편이 출장을 가면 돌아오는 날을 위해서 맛있는 음식

준비를 한다.

나쁜 아내는 남편이 출장을 가면 그동안 혼자서 집안일 시킨다고 칼을 간다.

좋은 아내는 가끔 나쁜 아내가 될 수도 있다. 사람이니까.

나쁜 아내가 가끔 좋은 아내가 된다는 것은 불가능하다. 사람이 아니니까.

좋은 아내는 남편에게 사고라도 날까 봐서 늘 걱정을 해준다.

나쁜 아내는 큰 사고가 났다는 뉴스를 듣자마자 방송국에 전화해서 남편이름 확인한다.

좋은 아내는 잠자는 남편의 손을 한 번 꼬옥 잡아본다.

나쁜 아내는 잠자는 남편의 허벅지를 꼬옥 꼬집어본다.

좋은 아내는 남편이 청소를 깨끗하게 못해놔도 나중에 몰래 마무리를 한다.

나쁜 아내는 남편이 청소를 잘 해놔도 트집을 잡으려고 뒤지고 다닌다.

착한 아내에게는 남편이 화를 낼 수가 없다. 즉석에서 풀어지기 때문이다.

나쁜 아내가 화를 내면 남편은 대꾸도 할 수가 없다. 즉석사형이기 때문이다.

착한 아내에게 제일 중요한 건 남편의 사랑이다.

나쁜 아내에게 제일 중요한 건 자기 자신 자랑이다.

착한 아내는 남편 월급이 오르면 같이 기뻐한다.

나쁜 아내는 남편 월급이 오르기도 전에

신용카드로 자기 옷을 사버린다.

착한 아내와 남편 사이를 갈라 놓을 수 있는 것은

두 사람의 죽음밖에는 없다.

나쁜 아내의 남편이 자유로워질 수 있는 길은

자기 자신의 죽음밖에는 없다.

착한 아내의 잔잔한 미소는 모든 사람의 마음을 즐겁게 한다.

나쁜 아내의 잔인한 미소는 모든 사람의 등골을 오싹하게 만든다.

착한 아내의 남편이 죽으면 그 이상 슬픈 일이 없다.

나쁜 아내의 남편이 죽으면 기왕 죽을 거 일찍 죽지 않고

재혼도 못하게 늦게 죽었다고 화를 낸다.

● 대단한 안목

아내가 새 옷을 사오자 남편이 한마디 한다.

남편 : 그걸 옷이라고 골랐어? 대체 물건 보는 눈이 없단 말이야.

나 좀 닮아봐!

아내 : 맞아. 그래서 당신은 날 골랐고 난 당신을 골랐지.

● 아줌씨들의 요즘 이상형 ♡

여자의 일에 11이 간섭하지 않으며,

해주는 음식에 22가 없어야 하며,

얼굴과 몸매는 33해야 되고,

여자가 내리는 결정에 44건건 참견하지 않으며,

밤에는 5!5!하는 소리가 절로 나게 해 주어야 하며,

때로는 과감하게 66, 69체위도 할 줄 알아야 하며,

성격과 외모는 77맞지 않아야 하며,

정력은 88해야 하고,

언제나 99한 변명 없이 솔직해야 하며,

경제력은 00(빵빵)해야 한다.

● 뭐가 들었기에

한 남자가 술집에 들어와서 맥주 한 잔을 시켰고, 술이 나오자 그는 술을 마시면서 셔츠 주머니 안을 들여다보았다. 남자는 한 잔을 다 마시고 또 한 잔을 시켰고, 계속 주머니 안을 들여다보면서 술을 마셨다. 남자가 술을 또 시키자 술집 주인이 궁금해서 물었다.

"근데 왜 자꾸 주머니를 들여다보는 거요?"

그러자 남자가 대답했다.

"주머니 안에 우리 마누라 사진이 있는데, 마누라가 예뻐 보이기 시작하면 집에 갈 시간이거든."

● 바람녀의 지침서

1. 바람은 말 그대로 인생에 있어 지나가는 바람이라 생각한다.

   40대까지만 피워야 한다.

2. 절대 바람을 피우면 안 되는 남자.

   • 미성년자 – 언젠가는 내 자녀들이 그럴 수도 있다.

   • 직장동료나 집 근처 반경 5km 이내에 있는 남자.

     결국 나중에 문제 생긴다. 명심 또 명심.

3. 한 번 바람 핀 남자와는 3개월 이상 초과해서 관계를 갖지 말아라.

   3개월까지는 언제든지 금방 잊을 수 있으나, 3개월이 지나면 정

   이 들어 서로 집착하게 된다. 그러므로 들킬 확률이 매우 높다.

4. 항상 내가 편하게 바람을 필수 있는 것은 정말 고마운 남편이 있기

   에 가능하다는 생각을 잊지 말아라.

   나의 체력, 패션, 멋진 이미지. 이 모든 건 바로 남편의 헌신적인

   경제적 뒷받침이 있었기 때문이다. 명심해라. 이런 남편을 절대

   버리지 마라.

5. 바람남의 선물은 항상 남편보다는 한 단계 낮은 걸 준비한다.

   남편과 먼저 가보진 않은 좋은 곳(여행, 맛집, 이벤트)은 바람남과

   절대 먼저 가지 않는다. 결국 바람남은 남편보다 그 지위가 낮다

   는 걸 스스로 되새겨 본다. 평생의 반려자는 남편이라는 생각을

   잠시라도 잊어서는 안 된다. 명심하라.

6. 바람남과는 절대 외박을 해서는 안 된다.

남편의 아내에 대한 마지막 믿음인 외박은 착한 남편을 두 번 죽이는 일이다.

7. 경제적인 능력이 될 때까지는 절대 바람을 피워서는 안 된다.

   남편이 힘들게 벌어온 돈으로 바람피우는 인간은 파렴치한 정신 질환자일 뿐이다. 어떠한 이유로도 평생 용서가 안 된다.

8. 내가 바람피우는 걸 친구나 직장동료에게 절대로 알리지 마라.

   발 없는 말이 천리 간다. 비밀은 없다. 보통 바람난 유부녀들의 10% 정도가 본인의 입방정으로 남편에게 들키게 된다.

9. 바람남녀를 위한 별도의 핸드폰과 이메일은 필수품이다.

   우선 직장동료나 지인의 명의로 본인 것, 바람남 것 두 개의 핸드폰을 준비하여 사용하고, 집에 들어갈 땐 항상 사무실에 놓고 다녀야 한다. 바람녀의 70% 이상이 핸드폰 통화내역과 문자로 남편에게 들킨다. 꼭 명심하라.

10. 본인이 바람을 피우는 목적과 이유를 명확히 하여 본인의 인생 나이에 맞추어 안락한 노후를 대비 하여야 한다.

    20대 - 남편 이외의 다른 남자에 대한 호기심.

    30대 - 남편과의 잠자리 불만족으로 인한 육체적인 바람.

    40대 - 중년의 외로움 그리고 습관성 바람.

    50대 - 이제는 바람을 끝내야할 시기다.

    50대가 되어서는 그동안의 10배 정성으로 가정을 위해 모든 걸 바쳐야 한다.

11. 바람남에게 절대 해서는 안 되는 말 2가지.

   1) 사랑한다.

   말하지 마라. 단지 이 여자가 나를 사랑하는 것 같다는 생각만 주도록 한다. 사랑한다는 말은 오직 당신 남편에게만 평생을 해도 부족한 말이다.

   2) 남편 흉보기.

   남편을 흉본다는 건 누워서 내 얼굴에 침 뱉기다.

   남편을 흉보는 여자를 누가 좋아하겠는가?

   남편을 흉본다는 건 바람남에게 이루지 못할 희망을 줄 뿐, 아무런 책임도 못지는 몰상식한 개소리일 뿐이다.

12. 절대 바람남의 이름을 부르지도 기억하지도 말아라.

바람이 들통 나는 10% 정도가 집안에서 잠결이나 만취 중에 바람남의 이름을 부르다가 생기는 경우다.

   • 대안은? 있다.

   바람남에게 무조건 '자기'란 호칭을 사용한다. 전화 통화도 자기, 대화시에도 자기, 문자 전송 시에도 자기, 언제나 자기. 얼마나 편하고 부드러운가. 또한 바람남도 좋아한다. '난 지금 자기 한 명뿐이다.' 라는 확신을 줄 수 있고 집에서 잠결에도 "자기야." 라고 해도 남편은 자길 부르는 줄 안다.

   여러 남자와 만나고 헤어져도 이름 때문에 실수하는 일이 거의 없다.

13. 바람남에게 좋은 점 한 가지 이상을 꼭 배워라. 그리고 바람남에

게 한 가지 이상 나의 좋은 점을 꼭 가르쳐 주어라.

바람도 비즈니스다. 사람에게는 누구나 좋은 점이 있다. 바람을 피우더라도 그 상대방에게서 좋은 점을 배우고 나의 좋은 점을 가르쳐 준다면 나중에 헤어진 후라도 서로 미워하는 일은 줄어들 것이다.

보통 바람남들이 아내 또는 애인에게 가진 불만을 잘 알아 두어라. 그리고 본인이 남편에게는 그런 행동을 하지 않았나 깊이 반성해 보아라. 그리고 그 문제를 해결해라. 아마 좋은, 더 좋은 아내가 될 것이다.

14. 혹시 바람남의 아내나 애인에게 들킨 경우에는 절대 비겁한 행동을 하지 말아라.

남자가 먼저 꼬리를 쳐서 바람을 피웠으니, 나는 잘못이 없다. 라는, 뭐 이런 변명 하지 말아라. 입장 바꿔 내 남편이 바람이 났다고 하면, 상대 여자가 먼저 꼬셔서 그랬다면 용서할 수 있어도 내 남편이 먼저 그랬다면 절대 용서할 수 없지 않겠는가? 내가 좋아서 만난 그 남자에게 조금이라도 마음에 상처를 주지 않는 멋있는 바람녀가 되란 말이다. (물론 안피우는게 제일이지만)

● **아내를 죽이는 방법**

1. 귀에다 있는 힘껏 혀를 갖다대고 핥아줍니다. 간지러워 죽습니다.

2. 매일 저녁 6시 칼퇴근 하는 겁니다. 지겨워 죽습니다.

3. 곤히 잠자는 아내 몸에 손을 대서 은근 잠깨워 놓고 "자냐?" 물어보고 그냥 자면, 열받아 죽습니다.

4. 샤워하고 나온 아내. 그윽한 눈으로 바라만 보다 잠자면 쪽팔려 죽습니다.

5. 새로 산 야시시 속옷 입고 나왔는데 쳐다보지도 않고 불 끄고 덤벼들면, 돈 아까워 죽습니다.

6. 비오는 날 우산 들고 나갔다가 우산 잃어버리고 전철역 앞에 우산 들고 마중 나오라고 하면, 짜증나 죽습니다.

7. 친한 친구들 이름 여자이름으로 바꿔 저장해놓으면, 연락 올 때마다 환장해 죽습니다.

8. 매일매일 3시간씩 밤에 정성을 다해 몸으로 봉사하세요. 피곤해서 죽습니다.

9. 이래도 안 죽으면 어쩝니까? 팔자려니 바람피우고 살아야지. 대신 걸리지는 마세요. 당신이 죽습니다.

● **나의 아내는**

1. 자기는 할 일이 너무 많아서 바빠 죽겠다고 하는데 내가 보기에
   는 맨날 노는 것 같다.

2. 무슨 돈 쓸 일이 그렇게 많은지 돈이 부족하다는 소리만 한다.

3. 내가 원해서 된 사람이지만 갈수록 내 마음에 안든다.

4. 내가 자기를 좋아하는 줄 안다.

5. 자기가 하고 싶어 하면서도 언제나 내 핑계를 댄다.(국민이 원해
   서, 남편이 좋아하니까.)

6. 술 마실 때 안주 대신에 잘근잘근 씹으면 스트레스가 풀린다.
   (화젯거리로.)

7. 돈 쓰기를 좋아한다. 돈 쓰는 게 낙이다. 대책없이 돈 쓰고 다니
   며 아까운 줄 모른다.

8. 후계자를 양성한다. (어느새 아이들이 아내의 편이 되어, 울 때도 꼭 엄마
   하고 운다.)

9. 말로는 도저히 상대가 되지 않는다. (한마디로 말만 좋다.)

10. 비교하기를 좋아한다. (국회의원은 정권이 바뀌면 비교해봐서 좋은 쪽
    으로 옮겨 다니고, 아내는 옆집 재호 아빠가 마누라에게 반지를 사줬느니 하며
    열 받게 한다.)

● 어른들의 비밀

한 꼬마가 동네 친구에게서 흥미 있는 얘기를 들었다.

'어른들은 무엇이든지 꼭 비밀이 한 가지씩 있거든. 그걸 이용하면 용돈을 벌 수 있어.'

꼬마는 실험을 해보기 위해 집에 가자마자 엄마에게 말했다.

"엄마, 나 모든 비밀을 알고 있어."

그러자 엄마가 놀라서 만 원을 주며,

"절대 아빠에게 말하면 안 된다."고 말했다.

이에 신난 꼬마는 아빠가 들어오자 슬쩍 말했다.

"아빠, 나 모든 비밀을 알고 있어."

그러자 아빠는 꼬마를 방으로 데리고 가 2만원을 주며,

"너 엄마에게 말하면 안 된다."고 말했다.

꼬마는 다음날 아침, 우편 배달부 아저씨가 오자 말했다.

"아저씨, 나 모든 비밀을 알고 있어요."

그러자 우편배달부는 눈물을 글썽거리며 말했다.

"그래, 이리 와서 아빠에게 안기렴……."

● 앗! 실수

파티에서 한 남자가 술에 취한 척하고 여자를 뒤에서 껴안았다.

"죄송합니다, 부인. 제 아내인줄 알고……."

그러자 여자가 말했다.

"사과할 것 없어요. 바로 저예요. 여보."

● 건망증

- 계단에서 굴렀다. 훌훌 털고 일어났다. 근데 내가 계단을 올라가고 있었는지, 내려가고 있었는지 도통 생각이 안 난다.

- 아침에 일어나서 이 닦으려고 화장실에 갔다. 근데 내 칫솔을 도대체가 찾을 수 없다. 색깔도 기억이 안 난다.
  달랑 4개의 칫솔 중에서.

- 학교에 가려고 집을 나서다가 잊은 것이 있어서 도로 집에 갔다. 근데 내가 뭘 가지러 왔는지 생각이 나지 않는다. 한참을 고민하고 찾다가 애꿎은 우산 하나를 가져왔다. 그날은 하루 종일 햇빛이 쨍쨍했고 그날 저녁 난 학원에서 교재 없이 공부를 해야만 했다.

- 친구에게 전화를 걸었다. 근데 내가 누구한테 전화를 걸었는지 기억이 안난다. 미치겠다.
  "여보세여?"
  "네, 거기 누구네에여?"
  "어디 거셨는데? (어머, 이런 개뻑다구 같은 게 다 있냐?)"
  "글쎄여."
  담날, 학교 가니깐 한 친구.
  "너 어제 우리 집에 전화했었지?"
  "(뜨끔)아, 아니~.(그게 너네 집이었냐?)"
  "웃기고 있네. 남의 집에 전화해서 누구네 집이냐고 묻는 애가 너 말고 더 있냐?"

- 대학교 1학년 때 시험을 쳤다. 내가 생각해도 너무 완벽하게 친

  것 같았다. 공부를 열심히 했으니.

  며칠 후 교수님의 외침.

  "시험 칠 때 학번 란에 30835라고 쓴 놈 나와!!"

  그렇다. 나 고3때 3학년 8반 35번이었다.

- 학교 가려고 나서다가, 몇 번 집에 되돌아왔다. 이유는……

  "엄마, 내 시계."

  "엄마, 지갑."

  "엄마, 핸드폰."

  "으휴, 이번엔 또 뭐야."

  "오, 오늘 토요일이지? 나 오늘 학교 안 가는 날인데."

- 짜장면 먹을 때 다 먹고 나면 짜장면 그릇 위에 한입만 베어 먹은

  단무지가 7~8개는 있다. (이해 안 되면 통과, 공감하시는 분들 있을 것임)

● 천생연분

어느 부부가 외식을 하려고 집을 나왔는데 아내가 남편에게 말했다.

아내 : 이를 어쩌죠? 다리미 코드를 빼지 않고 그냥 나왔어요.

남편 : 걱정 마. 나는 면도하다가 수도꼭지를 안 잠그고 왔으니까.

불 날 일은 없을거야.

● 말귀 못 알아듣는 남편

매일 몸이 비실거린다고 아내한테 구박만 받던 남편이 멋진 몸을

만들기 위해 헬스장을 다니며 열심히 근육을 키웠다.

근육이 탄탄히 자리 잡은 남편을 보고 놀란 친구가 자기도 근육을

키우겠다고 헬스장을 찾았다.

멋진 근육을 본 친구가 샘이 나서,

"쳇 운동하냐?"

힘도 키웠다 싶은 남편은 으스대는 표정을 지으며 한마디 날렸다.

"아니거든! 실내화거든!"

● 영어를 배운 할머니

한 할머니가 영어학원에서 영어를 배웠다.

그래서 너무나 자랑하고 싶은 나머지 5살짜리 손녀에게 물었다.

할머니 : 사과가 영어로 뭔 줄 아나.

손녀 : 사과가 사과지 뭐.

할머니 : 그것도 모르나 애플 아이가 애플!!!

할머니 이번엔 노인정에 가서

할머니 : 연필이 영어로 뭔 줄 아나??

노인들 : 그걸 내가 우예아노. (어떻게 압니까)

할머니 : 그거 펜슬 아이가.

이번엔 지나가는 아줌마에게 물었다.

할머니 : 물이 영어로 뭔 줄 아니껴? (압니까)

아줌마 : 워터 아닌가요?

할머니 : 물은 셀프야!!

● 나도 소중해

만난 지 1년쯤 되는 두 연인이 대화를 나누고 있었다. 여자가 남자
에게 말했다.

"자기야, 난 자기 없으면 단 하루도 못 살 것 같은데 자기는?"

그러자 남자가 대답했다.

"응, 나도 나 없이는 하루도 못 살아!"

● 스스로의 위로

아내 : 여보~ 당신은 왜 내 사진을 항상 지갑 속에 넣고 다녀?

남편 : 응 아무리 골치 아픈 일이라도 당신 얼굴을 보면 씻은 듯이 잊게 되거든.

아내 : 당신에게 내가 그렇게 사랑스럽고 중요한 존재인가보지!

남편 : 그럼! 당신 사진을 볼 때마다 나 자신에게 이렇게 얘기하거든.

.

.

남편 : 이것보다 더 큰 문제가 어디 있을까?

● 투자해서 늘어난 것은

신문을 보던 남편이 투덜거렸다.

남편 : 이놈의 주식 또 떨어졌잖아! 괜히 투자를 해가지고…….

그러자 옆에 있던 부인도 투덜거렸다.

부인 : 나도 속상해요. 다이어트를 했지만 아무 효과가 없으니…….

그러자 신문을 덮은 남편이 아내의 몸을 쳐다보며 힘없는 목소리로 말했다.

남편 : 내가 투자한 것 중에서 두 배로 불어난 건 당신밖에 없어.

● 오리

천둥오리 : 아르바이트 가끔 하면서 애들 학원비나 반찬값 정도 버는 아내.

황금오리 : 전문적인 일을 하고 있어서 능력도 있고 돈도 잘 버는 아내.

어찌하오리 : 일은 전혀 안하면서 남편 월급날만 기다리는 아내.

● 부탁

아버지가 큰 딸을 불러 엄숙한 얼굴로 말했다.

"어제 네 남자친구가 너랑 결혼하고 싶다더구나? 난 그 정도면 만족하는데, 네 생각은 어떠냐?"

"하지만 아빠, 전 엄마를 남겨두고 시집가는 게 너무 괴로워요."

큰 딸의 말을 들은 아버지가 희망에 부푼 눈빛으로 말했다.

"그래, 그럼……. 네 엄마도 함께 데리고 가면 안 될까?"

● **메모지에**

아내가 출장을 가며 냉장고에 '까불지마'라고 메모를 붙였다.

그 뜻인즉,

까스 조심하고.

불조심하고.

지퍼 함부로 내리지 말고.

마누라에게 전화 좀 하지말구.

이를 본 남편, 그 즉시 메모를 떼어내고 대신 '웃기지마'라고 붙였다.

그 뜻인즉,

(아내가 출장하고 없으니)

웃음이 절로 나오고.

기분이 너무 좋고.

지퍼 내릴 일도 많아지고.

마누라에게 전화할 시간도 없네.

● **서러운 요즘 남편들**

요즘은 가정에서도 아내의 힘이 더 센 시대에 우리가 살고 있는 듯 싶습니다.

어느 병원에 아내에게 손찌검을 당해 치료를 받으러 온 남편들이 함께 모여 신세타령을 하고 있는 장면입니다. 어쩌다가 아내에게 구타를 당했는지 각각 40대, 50대, 60대, 70대, 80대의 남편들이 털어놓았습니다.

40대 남편 : 나는 어제 밤에 술 먹고 들어와 아침에 일어나서 아내에게 해장국 끓여 달라고 했다가 이렇게 됐지 뭡니까!

50대 남편 : 나는 친구들과 계모임으로 외출 중인 아내에게 어디에 있냐고, 언제 들어오는지 전화했다가 이렇게 됐다오.

60대 남편 : 나는 외출 준비 중인 아내에게 어디 가느냐고 물었다가 이렇게 됐지요.

70대 남편 : 나는 아침에 일어나서 해장국 끓여달라고 하지도 않았고, 친구들과 계모임으로 외출중인 아내에게 어디에 있냐고 물어보지도 않았고, 언제 들어오냐고 물어보지도 않았고, 외출 준비 중인 아내에게 어디 가느냐고 묻지도 않았는데 아내에게 손찌검을 당했다오.

50대 남편 : 그럼 어쩌다가 그렇게 되셨습니까?

70대 남편 : 눈앞에서 얼씬거린다고 이렇게 혼났지요.

80대 남편 : 나는 아침에 일어나서 해장국 끓여달라고 하지도 않았고, 친구들과 계모임으로 외출중인 아내에게 어디에 있냐고 물어보지도 않았고, 언제 오냐고 물어보지도 않았고, 외출 준비 중인 아내에게 어디 가느냐고 묻지도 않았고, 눈앞에서 얼씬거리지도 않았는데 혼났지요.

40대 남편 : 그럼 어쩌다가 그렇게 되셨습니까?

80대 남편 : 아침에 일어나 눈 떴다고 이렇게 됐지요.

● 여고 동창회

아내가 여고 동창회에 갔다 와서는 시무룩해졌다.

"왜? 멋진 자가용 끌고 나온 동창 때문이야?"

"됐슈~!"

"남편이 명품 가방 사준 친구 보고 그러는 거야?"

"됐슈~!"

"애들이 좋은 대학 간 친구 때문에 열 받아 그러는 거야?"

"됐슈~! 나만 남편 있슈~~!"

● **남편사용 설명서**

- 제품 구입 전 충분히 검토 후 구입하십시오.
- 제품마다 다양한 특성을 지니고 있으므로 먼저 제품의 특성을 파악하십시오.
- 사용자에 따라 상품의 좋고 나쁨이 다를 수 있으니 사용자의 주의가 요구됩니다.
- 제품의 초기 사용 시와 갈수록 많이 달라질 수 있으나 그렇다고 고장은 아닙니다.
- 제품이 집 밖으로 나갔을 때에는 통신이 두절되거나, 회귀시간이 늦어질 수 있으니 유의 하십시오.
- 제품의 알코올 함량이 높을 시에는 콩나물국이나 북어국을 투여하십시오.
- 제품이 이상증세를 보일 시에는 질 좋은 약품으로 장기 투여하십시오.
- 스트레스에 민감하니 제품 상태에 따라 항상 유의하십시오.
- 적절한 양분과 휴식을 취하게 하시면 제품을 오래 사용할 수 있습니다.
- 가끔은 어린이와 같은 행동을 나타낼 때가 있으나, 그렇다고 제품에 이상이 있는 것은 아니니 안심하고 사용하십시오.

사용 최적 환경

- 맛있는 밥이나 술이 있는 곳, 또는 홈시어터, 다양한 스포츠 채

널이 나오는 벽걸이형 TV, 엄청난 용량의 컴퓨터 및 새로운 디지털 기기, 당구대, 멋진 자동차 등의 주위에서 이상적으로 작동됩니다.

오작동을 일으키는 원인

- 스포츠뉴스를 보고 있을 때 질문.
- 중요한 뉴스를 시청할 때 청소기 돌림.
- 돈타령 할 때, 주말 백화점 쇼핑 제안할 때 주위 요망.

주의사항

- 급격한 온도 변화로 폭발할 수 있으니 잔소리는 삼가십시오.
- 화기에 약하니 여자 가까이는 절대 두지 마십시오.
- 반품이나 환불은 불가하니 고장 시에는 고쳐서 사용하십시오.

● 40대 주부

부인1 : 매일 어디 다니세요?

부인2 : 저요? 네. 남편이 반찬이 맛없다는 얘기를 하기에 학원에 좀 다녀요.

부인1 : 아~~ 요리 학원에요?

부인2 : 아뇨!! 유도 학원에요. 불평하면 던져버리게요.

● 세 번의 사연

남자는 태어나서 세 번 운다는데…….

1. 태어날 때.

2. 사귀던 여자 친구와 헤어졌을 때.

3. 부모님 돌아가셨을 때.

여자는 태어나서 세 번 칼을 간다는데…….

1. 사귀던 남자친구가 바람피울 때.

2. 남편이 바람피울 때.

3. 사위 녀석이 바람피울 때.

남자는 부인에게 세 번 미안해 한다는데…….

1. 카드대금 청구서 날아올 때.

2. 아내가 분만실에서 혼자 힘들게 애 낳을 때.

3. 부인이 비아그라 사올 때.

여자는 남편에게 세 번 실망 한다는데…….

1. 시도 때도 없이 귀찮게 할 때.

2. 운전하다 딴 여자한테 한눈팔 때.

3. 비아그라 먹고도 안 될 때.

부모님은 세 번 속상해 한다는데…….

1. 어린 자식이 아플 때.

2. 시집간 딸년이 부부싸움하고 짐 싸서 친정 올 때.

3. 장가간 아들 녀석이 여편네 데리러 처가에 갈 때.

● **의리 좋은 친구들**

남편의 귀가 시간이 매일 늦어지는 것에 의심을 품은 아내가 남편
의 친한 친구 다섯에게 문자를 보냈다.

'남편이 돌아오지 않았는데, 혹시 댁에 있는지요. 곧 회신 바랍니다.'

그날 밤 똑같은 다섯 통의 회신이 왔다.

'우리 집에 와 있음……. 걱정하지 마세요.'

● 영감의 약

노부인은 모처럼 시집간 지 오래된 딸네 집에 갔다.

사위는 반갑다며 아끼던 고급 위스키를 한 잔 장모님께 드렸다.

처음 위스키를 마셔본다며 한 모금 마신 노부인은 고개를 갸우뚱한다.

"왜요, 장모님 맛이 이상하세요?"

"아니야, 영감이 30년간 약이라면서 혼자 복용하던 거와 맛이 똑같

아서 그러지."

● 선녀와 나무꾼 1

몰랐다. 훔친 그녀의 옷이 그렇게 비쌀 줄은.

그리고 그 할부 용지가 우리집으로 오게 되리란 걸.

옆에서 코를 고는 선녀 마누라를 보며 애꿎은 옥황상제만 죽도록

원망했다.

● 선녀와 나무꾼 2

폭포약수터에서 확인 했어야 했다.

옷을 훔칠 때 똑바로 봐 뒀어야 했다.

사이즈가 엑스라지인 줄 그 누가 알았으랴.

가뜩이나 비좁은 방, 그녀가 들어온 후에 두레박만 봐도 눈물이 난다.

● **선녀와 나무꾼 3**

나한테 머라고 하지 마쇼.

선녀가 담배 피운다 하면 당신인들 믿겠소.

꽉찬 그녀의 재떨이를 갈아주며 자식이 생긴다면 분명히 가르칠거요.

행여 어떤 싸가지 없는 사슴이 너에게 숨겨 달라고 오면 고놈 발모가

지를 뿐질러 라이트 훅을 날린 후에 포수에게 넘기라고.

지상이건, 천상이건 이제 선녀다운 선녀는 존재하지 않는다고.

● **선녀와 나무꾼 4**

귀중한 정보를 입수하자마자 난 그 폭포약수터로 달려갔다.

그때 목욕을 하던 선녀가 나를 가리키며 옷을 훔쳐가려는 도둑놈이

라고 마구 욕을 해대었다.

알 수 없었다.

난 그저 금도끼 은도끼하구 김희선이 옷만 훔치면 되는데.

자녀 유머

엄마가 웃어야 자녀 교육에 성공 한다

수줍음이 많아 배달 음식점에 전화도 못 거는 아이, 눈에서 벗어나면 딴짓을 하는 아이, 걸핏하면 안아달라고 우는 아이……. 일상생활을 들여다보니 그 뒤에는 아이에게 공감 못 하는 엄마, 감정 조절에 서툰 엄마 등이 있었다. 「엄마가 달라졌어요」에 나온 여러 엄마의 행동 양상과 그에 따른 전문가의 조언을 요약했다.

엄마의 유형

●잔소리 대왕 엄마

등교 준비에 정신없는 딸에게 영어 단어를 외우고 가라며 "왜 안 해? 응? 하라면 해."라고 쏘아대는 엄마 황**씨. 전문가들은 '지시형'에서 '권유형'으로 말투를 바꿀 것을 조언한다. 밥 먹을 때 김을 먼저 먹을지 깍두기를 먼저 먹을지 순서까지 간섭하는 엄마 김지연씨에게는 '말없이 지켜보기'를 주문했다. 학습지를 풀 때 딴짓을 하던 아이도 엄마가 가만히 두니 이내 책상 앞으로 돌아왔다.

●답답하고 권위 없는 엄마

김**씨는 '친구 같은 엄마'를 지향했지만 아이들은 답답해 하기만 한다. 전문가는 김 씨에게 "빙빙 돌려 말하지 말라."고 조언했다. 자신의 의견을 강요하지 않는 척하면서 사실은 그 방향으로 은근슬쩍 몰아가는 대신 아이가 가져도 되는 권한을 진짜로 허용해주는 연습도 시켰다. 아이들 기분에 맞춰왔던 신효성 씨에게는 '착한 엄마 강박'을 버리고 규칙적인 식사ㆍ수면 시간을 아이들과 함께 정할 것을 권했다. 생각보다 아이들은 '규칙'을 즐겼다.

EBS「엄마가 달라졌어요」의 한 장면. 이 같은 양육 코칭 프로그램은 자녀뿐 아니라 양육자, 나아가 가정 전체의 변화상을 보여주고 있다.

●감정 조절이 안 되는 엄마

기분 따라 아이를 대하는 태도가 변하는 장**에게 부여된 숙제는 '자기 관찰'. 자신을 촬영한 영상을 돌려보며 문제점을 스스로 깨닫기 시작했다. 항상 안아달라고 칭얼대는 아이에게 화만 내다 하루가 가는 김**씨에게는 "그냥 안아달라고 할 때 바로 살짝 포옹해주라."는 처방이 내려졌다. 금세 갈등이 해결되는 걸 보고, 엄마는 자신이 반복되는 상황에 화를 참지 못한 게 진짜 문제였다는 사실을 깨달았다.

●양육 에너지가 소진된 직장맘

퇴근 후에 '남들 하는 만큼' 아이의 학습 진도를 맞춰줘야 한다는 강박에 시달렸던 방**씨. 회사·집안일을 하고 남은 시간 안에 공부만 봐주다가 아이와 정서적으로 교류할 시간은 잃어버렸다. 전문가들은 일주일에 한 번 가사 도우미를 쓰고, 퇴근 후 30분간 엄마만의 충전 시간을 가지며, 회사에서 하루에 한 번 전화로 아이들 학습 점검을 하라고 조언했다. 작은 변화에 엄마 표정도 밝아지고 아이들도 스스로 공부하기 시작했다.

– 시사 IN 변진경 기자 글에서 인용

훌륭한 부모는 훌륭한 스승이어서 자녀는 부모의 언행을 보며 복제된다. 돈 잘 버는 부모가 훌륭한 부모가 아니라 바르게 키우는 부모가 훌륭한 부모다.

자녀에게 고기를 주지 말고 고기 잡는 법을 가르쳐 주어라.

01. 즐거운 아침을 만들어라. 아침의 에너지가 온종일 지속된다.

02. 아침식사는 건강의 필수조건이다. 한국인은 밥심으로 산다.

03. 인사를 잘 시켜라. 예의바른 사람은 어디서나 환영받는다.

04. 시간의 소중함을 일깨워라. 시간은 생명이다.

05. 기죽이지 말라. 모든 승부는 자신감이 만들어 준다.

06. 자녀에게 화내지 말라. 자녀는 평생 상처를 가지고 산다.

07. 꿈을 심어줘라. 꿈은 반드시 이뤄진다.

08. 긍정적인 말만 사용하라. 말이 변하면 인생이 변한다.

09. 봉사정신을 일깨워라. 봉사는 사람다움의 기본이다.

10. 어른에게 양보하게 하라. 부모공경이 따로 없다.

11. 잘 웃는 부모가 되라. 자녀의 표정도 환하게 빛난다.

12. 칭찬을 아끼지 말라. 칭찬은 능력을 100배로 향상시킨다.

13. 교양 있는 부모가 돼라. 문제부모 밑에 문제아가 생겨난다.

14. 매일 30분 이상 운동하라. 내가 건강해야 자녀를 돌볼 수 있다.

15. 스스로 알아서 하게 하라. 대신해주면 의존심만 생겨난다.

16. 거짓말은 용서하지 말라. 바늘 도둑이 소 도둑 된다.

17. 책 읽는 부모가 되라. 자녀도 독서 왕이 된다.

18. 음식 먹을 때 감사기도를 하라. 음식성분도 변한다.

19. '고맙습니다'를 자주 써라. 감사하면 감사할 일이 생긴다.

20. 칭찬과 격려는 말의 보약이다. 많이 할수록 훌륭한 부모다.

21. 저축을 시켜라. 까먹는 아이와 저축하는 아이는 운명이 다르다.

22. TV를 꺼라. 대화, 독서, 명상의 시간이 생겨난다.

23. 남에게 폐 끼치면 사람노릇 못한다. 사회악을 눈감지 말라.

24. 지도자로 키워라. 가르침으로 졸卒도 되고 장將도 된다.

25. 말하는 법을 훈련시켜라. 말의 힘이 세상을 움직인다.

26. 집안일을 분담시켜라. 시험 때라도 마찬가지다.

27. 생각이 미래를 움직이는 원동력이다. 상상력을 일깨워라.

28. 약점을 고치려 말라. 장점을 키워주면 약점은 저절로 없어진다.

29. 메모습관을 가르쳐라. 기록하는 습관이 천재를 만든다.

30. 떼쓴다고 받아주지 말라. 받아주면 제 버릇 개 못준다.

31. 정해 놓은 시간에 놀게 하라. 시간활용이 승부를 결정한다.

32. 좋은 친구와 사귀게 하라. 최고의 보물은 좋은 친구다.

33. 사랑을 실천하라. 사랑은 기쁨을 잉태한다.

34. 긍정의 시각을 갖게 하라. 밝은 성격과 행동이 만들어진다.

35. 생명의 존귀함을 깨닫게 하라. 그것이 참사랑이다.

36. 매일 시 한 편씩 읽어줘라. 시심詩心은 마음의 청량제다.

37. 참고 견디는 법을 가르쳐라. 인생은 마라톤이다.

38. 경청을 가르쳐라. 말을 많이 하면 배우지를 못한다.

39. 편애하지 말라. 편식이나 편애나 정신의 불구를 만든다.

40. 모범을 보여라. 자녀는 부모를 보고 그대로 복제된다.

41. 위하는 마음을 갖게 하라. 남을 위함이 자기를 위함이다.

42. 반복되는 잘못은 매로 다스려라. 눈감아주면 악당을 만든다.

43. 보다 나은 방법을 찾아내라. 좋은 방법은 하늘의 별만큼 많다.

44. 일관성 있게 행동하라. 변덕이 심하면 바른 삶을 살 수 없다.

45. 행복한 모습을 보여줘라. 그래야 행복한 자녀로 성장한다.

46. 자녀를 돈으로 매수하지 말라. 부정부패의 원흉이 된다.

47. 남과 비교하면 비참해진다. 과거와 현재를 비교하라.

48. 공부도 게임이다. 즐겁게 공부하도록 지도하라.

49. 자기 전에 하루를 반성하라. 보다 나은 내일을 만들 수 있다.

50. 그날 좋았던 일만 기록하게 하라. 행복한 성인으로 성장한다.

– 이상헌 (심리교육협회)

● 미국에는

한 미국인 관광객이 서울 거리의 큰 건물을 바라보고 있었다.

그때 한 한국 소년이 관광객 옆을 지나가고 있었는데 미국인 관광객

이 말했다.

"꼬마야, 미국에는 저런 건물이 저것보다 네 배나 더 크단다."

"정말요?"

"그럼 미국에는 저 건물들보다 훨씬 큰 건물들뿐이야."

한국 소년이 웃으며 대답했다.

"듣던 대로 미국에는 미친 사람이 진짜 많구나. 저건 정신병원인데."

● 아버지가 하는 일

선생님이 학생들의 가정환경 조사를 위해 아버지 하는 일을 물었다.

그 아이는

"휴우……. 교도소에 계십니다."

깜짝 놀란 선생님이 걱정과 미안함에 다시 물었다.

"미안하구나. 마음이 많이 아플 텐데. 어쩌다가 들어가신 거지?"

그러자 아이가 이상하다는 듯 갸우뚱거리며 말했다.

"교도관 시험 봐서 들어갔는데요."

● 선생님 부자예요?

학생이 너무나 말썽을 피우자 선생님이 말했다.

"너, 내일 엄마한테 학교에 들르시라고 해!"

"선생님 돈 많아요?"

"왜?"

"우리 엄마 한 번 부르는데 30만원인데요?"

● 못 말리는 아들

아들이 학교에서 시험을 보는데 '코'가 들어간 속담을 쓰시오.

라는 문제에……. 답을

"소 잃코 외양간 고친다."라고 썼다고 한다.

● **나 어릴적엔**

민호를 앉혀 놓고 아빠는 말했다.

"짜샤, 너만 한 나이 때 아빠는 책을 읽지 않은 날은 밥도 먹지 않았어. 그리고 선생님이나 부모님 말씀은 하늘처럼 알고 실천했단 말야."

"아빠, 참 이상해요."

"임마, 뭐가 이상해?"

"그런 사람은 커서 위대해진다는데, 아빠는 지금 놀고 있잖아요!"

"위대하긴 하잖아. 많이 먹잖니."

● **질문**

4살배기 우진이가 엄마와 함께 지하철을 탔다.

지하철 안에는 꼬마들의 장난으로 몹시 시끄러웠다.

우진엄마는 아들에게 공중도덕에 대해 가르칠 생각으로 물었다.

"우진아, 엄마가 어떤 사람이 제일 싫다고 했지?"

잠시 생각을 하던 우진이가 큰소리로 말했다.

"아빠요!"

● **최악의 문자 오타**

- 제 친구가 피자 먹는다는 얘기를 문자로,

  [나 지금 피지 먹어] _어쩐지 너 피부가 좋더라.

- 남자친구와 헤어지고 펑펑 울고 있는데 남자친구의 문자…….

  [좋은 감자만나] _나쁜 놈…….

- 작년에 봉사활동 가던 도중에 엄마한테 문자가 왔는데 보니까,

  [어디쯤 기고있니] _엄마 제가 기어서 가나요.

- 할머니에게 "할머니 오래사세요."를 적어야 할 것을,

  [할머니 오래사네요]

- 엄마한테 학원 끝나고 "엄마 데릴러와."를 잘못 써서,

  [임마 데릴러와] _뒤지게 맞았음.

- 생일날 여자 친구한테 "원하는 거 없어?"라고 문자가 왔어요.
  딱히 없어서.

  [딱히 원하는 건 O벗어] _최고의 생일선물이었네요.

- 소개받은 여자한테 "너 심심해?"라고 물어보려는데,

  [너 싱싱해?] _싱싱하다네요.

- 할머니가 중풍으로 쓰러지셨습니다. 급하게 엄마에게,

  [할머니 장풍으로 쓰러지셨어]

- 내 신발을 사러 가신 어머니, 내 신발사이즈를 물어보려,

  [너 시발 사이즈 몇이야]

- 아빠는 가끔 힘드실 때 저한테 문자를 해요.

  [아빠가 너 엄창 사랑하는거 알지?] _나도 엄창 사랑해.

• 여자 친구한테 생일선물 받은 걸 보답하기 위해 생일을 물어봤습니다.

[너 생리 언제야?] _비록 오타였지만 좋은 정보다.

• 친구한테 여자를 소개시켜주고 저는 빠지면서 "저녁 잘 먹어^^ㅋㅋ."라고 문자를 보냈습니다.

[저년 잘 먹어^^ㅋㅋ] _친구야 오해야…….

● **성모상**

초등학생이 성당에 있는 성모상 앞에서 기도를 드리며 말했다.

"성모님! 내일 시험 잘 보게 해주세요. 만약 제 기도 안 들어 주시면 때릴 거예요."

우연히 그 앞을 지나던 신부님이 그 말을 듣고 성모상을 작은 성모상으로 바꿔놓았다. 다음날 초등학생이 씩씩대며 성모상에게 말했다.

"니 엄마 어디 갔어?"

● **말 못하는 아기도 이럴 땐**

1. 기어가기도 힘든데 걸어보라고 할 때.

2. 배고파 죽겠는데 "졸립지?" 하면서 이불 속에 눕힐 때.

3. 더워 미치겠는데 "춥지?" 하면서 두꺼운 이불 덮어 줄 때.

4. 우유 먹기도 힘든데 "밥도 먹을까?" 하면서 밥 먹일 때.

5. 엄마, 아빠하기도 힘든데 "할아버지." 해보라고 할 때.

● **딸과 며느리의 차이**

남의 딸이 애인이 많으면 행실이 나쁘고,

내 딸이 애인이 많으면 인기가 좋아서다.

남이 학교를 자주 찾는 것은 치맛바람이고,

내가 학교를 자주 찾는 것은 높은 교육열 때문이다.

"며느리에게는 시집을 왔으니 이집 풍속 따라야 한다." 하고,

딸에게는 "시집가더라도 자기생활을 가져야 한다."라고 한다.

며느리는 남편에게 쥐어살아야 하고,

딸은 남편을 휘어잡고 살아야 한다.

며느리가 부부싸움을 하면 "여자가 참아야 한다." 하고,

딸이 부부싸움하면 "남편이라도 따질 건 따져야 한다."라고 한다.

● **순진한 애**

학교 교무실로 한 통의 전화가 걸려왔다.

"6학년 2반 담임 좀 부탁합니다."

잠시 후 6학년 2반 선생님과 전화가 연결됐다.

"선생님, 어쩌죠? 원빈이가 너무나 많이 아파서 학교를 못갈 것 같
은데요."

"많이 아픈가보군요. 몸조리나 잘 하라고 전해주세요. 그런데 혹시
전화 하시는 분은 누구세요?"

.

.

"저는 우리 아빠입니다."

● **내 아들**

1. 아들이 사춘기가 되면 남남.

2. 아들이 고3이 되면 상전.

3. 아들이 군대 가면 손님.

4. 아들이 장가들면 사돈.

5. 공부 잘해서 출세하면 국가의 아들.

6. 돈 잘 버는 아들(의사, 변호사)은 장모의 아들.

7. 샐러리맨은 며느리의 아들.

8. 공부 못 해서 취직 못해, 백수로 빚진 아들은 영원한 내 아들.

● 북한이 전쟁을 일으키지 못하는 이유

첫째, 거리에는 총알택시가 너무 많다.

둘째, 골목마다 대포집이 너무 많다.

셋째, 간판에는 부대찌개가 너무 많다.

넷째, 술집에는 폭탄주가 너무 많다.

그리고 끝으로…….

집집마다 거의 다 핵가족이다.

● 시내버스를 탄 최불암

최불암이 시내버스를 탔다. 종로에 오자 운전사가 크게 외쳤다.

"2가입니다. 2가 내리세요!"

그러자 몇 사람이 우르르 내렸다. 한참 후 운전사가 또 소리쳤다.

"5가입니다. 5가 내리세요!"

또, 몇 명이 내렸다. 안절부절 하던 최불암이 드디어 운전사에게

다가갔다.

"왜 이(李)가하고 오(吳)가만 내리게 하는 거지요? 최(崔)가는 언제

내리는 거여?"

젊고 예쁜 처녀 선생님이 수업을 진행하고 있었다.

모든 사물에 대해서는 주의 깊은 관찰력이 필요하다며, 아이들에게

그 교실에 걸린 벽시계를 가리키며 물었다.

"저 벽시계에도 있고 선생님에게도 있는 것이 뭐가 있을까요?"

한 아이가 대답했다.

"두 손이요."

다른 아이도 대답했다.

"얼굴이요."

"아주 잘 보았어요. 그럼 다시 자세히 보고 벽시계에는 있는데 선생

님에게는 없는 것은 뭐죠?"

한참 침묵이 흐른 뒤 한 꼬마가 나지막하게 대답했다.

"선생님. 불알이요!"

● **짭새**

한 꼬마가 뽀르르 달려와서 내 옆에 섰다.

신호가 바뀌고 길을 건너는데, 옆의 꼬마가 경찰관 아저씨에게,

꼬마 : 아저씨. 뭐 좀 물어봐도 되요?

경찰 아저씨: 그래 꼬마야. 뭐든지 물어봐라.

경찰 가슴언저리에 있는 새 모양의 배지를 가리키며.

.

.

꼬마 : 아저씨, 이 새가 바로 짭새에요?

● **요즘 속담**

1. 예술은 지루하고 인생은 아쉽다.

2. 버스 지나가면 택시타고 가라.

3. 길고 짧은 것은 대봐도 모른다.

4. 젊어서 고생 늙어서 신경통이다.

5. 호랑이한테 물려가도 죽지만 않으면 산다.

6. 윗물이 맑으면 세수하기 좋다.

7. 고생 끝에 병이 든다.

8. 아는 길은 곧장 가라.

9. 못 올라갈 나무는 사다리 놓고 올라라.

10. 서당 개 삼 년이면 보신탕감이다.

● 영구와 맹구의 구구단 게임

영구와 맹구가 '구구단을 외자'게임을 하고 있었다.

"구구단을 외자! 구구단을 외자!"

영구 : 6×3

맹구 : 빌딩

영구 : 2×8

맹구 : 청춘

영구 : 9×9

맹구 : 크러스터

영구 : 3×1

맹구 : 절

영구 : 5×2

맹구 : 팩

영구 : 2×4

맹구 : 센터

영구 : 7×7

맹구 : 맞게

영구 : 4×2

맹구 : 새 됐어

● 문이 열렸는데요

무시무시한 선생님 시간.

칠판에 필기를 마치고 돌아선 선생님을 보는 순간 교실은 웃음바다
가 되었다. 선생님의 바지 지퍼가 열려 있었기 때문.

한 학생이 용기를 내어 말했다.

"선생님 문이 열렸는데요."

그러자 선생님 왈…….

"거기, 맨 뒷사람. 나와서 문 닫아."

● 그래도 에디슨은

공부를 너무나 못하는 아들에게 엄마가 화를 내며

"도대체 넌 누굴 닮아서 그렇게 공부를 못하니? 제발 머리 싸매고
공부 좀 해라!"

그러자 아들이 오히려 당당하게 말했다.

"엄마는 에디슨 몰라요? 공부 못해도 훌륭한 발명가가 됐잖아요!
공부가 전부는 아니에요!"

그 말에 더 열 받은 엄마가 소리쳤다.

"에디슨은 영어라도 잘했지!!"

● 세 자리 아이큐

항상 바보라고 친구들로 부터 놀림을 받던 한아이가 있었다.

"보통 사람은 아이큐가 세 자리는 돼야 해."

그 말을 들은 아이는 고개를 갸웃갸웃 거렸다.

"어? 나도 세 자리인데!!"

"그럼 너 아이큐는 몇인데?"

그 아이는 거침없이 큰소리로 대답했다.

그 아이가 아는 자기 아이큐는

"이 십 사."

● 곱빼기

중국집 아들이 국어 시험을 보고 집에 오자 엄마가 물었다.

"오늘 시험 친 것 몇 점 받았니?"

"한개만 빼고 다 맞았어요."

"무슨 문제를 틀렸는데?"

"보통의 반대가 뭐냐는 문제였어요."

"뭐라고 썼기에 틀렸니?"

.

.

"곱빼기요."

● **알파벳**

닭이 낳는 것 – R

기분 잡칠 때 – A

먹구름 뒤에 – B

수박 속에 들어 있는 – C

임신 후 낳는 것 – I

기발한 생각이 날 때 – O

시작을 알리는 싸인 – Q

영국 사람들이 즐겨 마시는 것 – T

몸에 들어가면 간지러운 것 – E

코가 간지러우면 – H

모기의 밥 – P

징그러운 꼬리를 가진 것 – G

당신을 뜻하는 – U

없으면 아쉽고 있으면 귀찮은 – N(애인)

● **한 번에요**

영철이네 집에 전화가 걸려 왔다.

"거기 상구네 집이죠?"

"아닌데요. 몇 번에 거셨나요?"

"한 번에요."

● **천재 아들**

하나를 알려주면 열을 안다.

그야 말로 '신동'이었다.

아들을 칭찬하는 소리에 목에 잔뜩 힘이 들어가 항상 싱글벙글.

드디어 이 아이가 학교에 들어가 첫 시험을 치르게 되었다.

당연히 만 점을 의심치 않았던 엄마…….

이게 웬일?

받아온 성적표는 모두 빵점.

뭔가 착오가 있는 것 같아 학교에 달려가 답안지를 확인 해 보니,

모든 답안지 맨 밑에 쓰여 있는 글…….

"다 안다."

● **시간을 더**

고3 학생이 수능 시험일을 얼마 남기지 않고 시간이 부족함을 느껴서 간절히 기도를 했다.

'하늘이시여. 제발 한 달, 아니 보름이라도 좋으니 시간을 조금만 더 주시옵소서.'

그러자 학생의 간절함에 감동했는지 하늘에서 음성이 들려왔다.

'너는 그동안 아주 착하게 살아왔구나. 또한 기도가 아주 간절하니 특별히 1년이란 시간을 더 주겠노라. 내년에 시험을 보거라.'

'재수!'

● **천당 가기 싫어?**

유치원 선생님이 물었다.

"얘들아 천당에 가고 싶은 사람은 손을 들어라."

그러자 모든 꼬마들이 손을 들었는데 다인이 혼자만 손을 들지 않았다.

선생님이 말했다.

"다인이는 천당 가기 싫어?"

"우리엄마가 유치원에서 곧장 집으로 오랬어요."

● **명답**

산수 시간에 선생님이 철수에게 물었다.

철수는 성적이 늘 꼴찌였으나 특별 과외도 하고, 담임 선생님도 애정으로 특별히 지도해 나아지는 듯 했다.

"철수야! 숫자 8을 반으로 나누면 어떻게 되니?"

"선생님, 가로로 나눠요? 세로로 나눠요? 그걸 말씀하셔야지요!"

선생님이 의아해서 말했다.

"아니~ 우리 철수……. 그게 무슨 말이냐?"

철수는 자신이 있는 듯, 큰 소리로 말했다.

"8을 세로로 나누면 3이 되고, 가로로 나누면 0이 되니깐요!"

● **직업별 성적 올리기**

직업별 성적을 올리는 방식

채소가게 자식 ………… 쑥쑥 올린다.

한의사 자식 ………… 한방에 올린다.

성형외과 자식 ………… 몰라보게 올린다.

구두닦이 자식 ………… 반짝하고 올린다.

자동차 영업사원 자식 ………… 차차 올린다.

백화점 사장 자식 ………… 파격적으로 올린다.

목욕탕 집 자식 ………… 때를 기다린다.

술집 자식 ………… 술술 올린다.

택시기사 ………… 더블로 올린다.

향요법 ………… 허벌나게 올린다.

점술가 ………… 점점 올린다.

기 치료사 ………… 기차게 올린다.

● **그 애는**

말썽꾸러기 아들을 둔 엄마가 잠자리에 들기 전에 스스로 잘 씻고

장난감도 가지런히 정돈하는 착한 어린이 이야기를 들려줬다.

초롱초롱한 눈으로 엄마의 이야기를 끝까지 듣던 아이가 말했다.

"엄마, 그 애는 엄마도 없대?"

● **아이의 눈**

아빠는 아이와 아침운동을 나갔다.

공원에서 열심히 뛰고 있는데 지나가던 남자가 아빠의 운동화를

보고 손짓하며 말했다.

"아저씨 운동화를 짝짝이로 신었네요."

아빠가 발을 내려다보니, 정말 한쪽은 흰색, 다른 쪽은 노란색이었

다. 아빠는 얼굴이 빨개져서 아이에게

"얘야 어서 집에 가서 아빠 운동화를 가져와라."

잠시 후 아이가 돌아왔는데 빈손.

"왜 그냥 왔니?"

아빠가 묻자, 당당하게 아들이

"집에 있는 것도 짝짝이던데요."

● **산?**

초대 손님이

"저 오늘 산에 다녀왔습니다."

사회자가 운동하고 오셨습니까? 하니까,

"저어 부동산 다녀왔습니다!"

● **강아지**

어떤 아주머니가 강아지를 안고 버스에 올라탔다.

한참을 가는데 강아지가 끙끙거리기 시작했고 주위 사람들의 눈길

이 자꾸 강아지와 아주머니에게 모아지는 것을 느낄 수 있었다.

그러다가 시선에 부담을 느낀 주머니가 주변을 살펴보더니 큰소리

로 한마디 했다.

"왜들 그래요. 이 강아지는 그냥 강아지가 아니라 내 자식이에요."

그때 뒤에 앉아 계시던 한 아주머니의 말에 버스 안 사람들은 뒤집어

지고 그 강아지아주머니는 다음정거장에서 후다닥 내리고 말았다.

"쯧쯧, 어쩌다가 개새끼를 낳았나……."

● **큰 사건 맡았네**

맹구가 뜻밖에 경찰 채용 필기시험에 붙었다.

면접을 보는 날.

면접관 : 백범 김구 선생을 누가 살해했는지 말해보게.

맹구 : (우물쭈물하며) 예. 저……, 그게…….

면접관: 잘 모르고 있는 것 같은데 내일 이 시간까지 알아오게.

시험장을 나온 맹구가 엄마에게 전화해서 하는 말.

"엄마! 나 첫날부터 큰 사건 하나 맡았어."

● 엄마의 꾸중

한 아이가 엘리베이터의 열림 단추를 누른 채

"엘리베이터가 기다려. 빨리 와~ 엄마!"

하고 소리치자 함께 탄 남자는 짜증이 났다.

잠시 뒤 엄마가 타고, 엘리베이터의 문이 닫히자 엄마가,

"그렇게 하지 말랬지!"

하며 아이를 꾸중했다.

남자는 속으로 '잘못한 것은 혼을 내야지'하며 만족해 했다.

그런데 엄마 왈.

"엘리베이터가 뭐야! 자 따라해. (혀를 굴리며) 엘리베이러."

남성 유머

　　남성은 유머를 갈등의 종식으로 이해하고 같이 농담을 주고받으면서 갈등을 해소하는 경우가 많다. 그리고 주변 사람들이 웃을 때는 여성이 남성보다 더 신속하게 따라 웃으며 남성은 이것을 동의의 표시로 해석하지만, 실은 다른 사람을 곤혹스런 입장에 빠뜨리지 않으려는 배려라고도 할 수 있다. 특히 남성은 서열을 정하기 위한 우스갯소리를 많이 하며 같은 남성들만의 모임에서보다도 여성과 함께 있을 때 더욱 부드러운 분위기기가 연출이 되고 주변 사람들과 화합이 잘 되는 경우를 많이 경험해 왔다.

　　물론 이와 같은 내용이 절대적인 것은 아니라고 생각하며 반대의 경우도 수차례 봐왔지만, 대체로 위와 같이 보편적인 내용이 어느 정도 들어맞는다고 생각한다.

(Thomas Holtbernd. 웃음의 힘. 고즈윈. 2005.)

● 여자를 사로잡기 위한 30가지 비결

아무런 전략 없이 무턱대고 여자 앞에 다가서다가는 연애의 기회마저 상실해버릴 수도 있다. 연애도 전략이며 여자를 사로잡기 위해선 거기에 합당한 기술과 심리가 필요하다. 그렇다면 지금부터 여자를 사로잡기 위한 30가지 연애 전술에 대하여 알아보도록 하자.

1. 여자는 아흔 아홉 명에게 예쁘단 말을 들어도 단 한 명에게 들은 못 생겼단 말에 상처받는다.
2. 여자의 부정은 긍정을 포함한다.
3. 여자에게 칭찬하라. 단, 어느 특정 부위를 찝어서.
   예를 들면 눈이 예쁘다. 코가 예쁘다.

4. 여자의 변화에 민감해져라. 여자가 새로 옷을 샀다면 칭찬하라.

   작은 변화도 눈치채는 눈을 가져라.

5. 여자의 이야기를 잘 들어주라.

6. 여자를 좋아해도 절대 너무 잘해 주거나 간섭 하거나 귀찮게 해

   서는 안 된다.

7. 당신이 스치듯 행동한 것도 여자의 다이어리를 통해 시간이 지나

   도 기억된다는 걸 잊어서는 안 된다.

8. 여자에게 외모적인 결함이나 단점을 이야기 하지 마라.

   여자에게 미모는 곧 생명이다.

9. 어느 정도 유머스러우되 말을 많이 하지 마라.

10. 때로는 시인처럼 고상하고 때로는 야수처럼 변해야 한다는 걸

    잊어서는 안 된다.

11. 항상 깍듯이 매너 있게 공주처럼 대해라.

12. 데이트할 때는 이끌어라.

    어디 갈래 저기 갈래 물어보지 말고 남자가 이끌어야 한다.

13. 여자는 남자의 눈물에 약하단 걸 명심하라.

14. 혹시라도 바람피우다 걸렸을 경우, 절대 사실을 고백하지 마라.

    고백하는 순간 끝이다.

15. 여자는 탐정 같은 능력이 있다.

    당신이 허튼 수작을 부린다는 걸 당신보다 쉽게 눈치 챌 수 있다.

16. 여자는 현재에 충실한다.

    과거에 사랑했다고 해도 그건 과거일 뿐이다.

17. 여자에게 의미를 부여하는 말을 많이 해라.

식상해진 일상에 호기심을 불러일으키는 말은 곧 당신에 대한 호감으로 연결된다.

18. 여자를 포근히 감싸줄 수 있는 가슴을 지니고 여유로운 남자가 되라.

19. 여자의 수다를 받아 줄 수 있는 인내심을 지니고, 여자의 변덕에도 아랑곳하지 않는 참을성을 지녀라.

20. 여자는 한 마디 말에 평생 지울 수 없는 상처를 받기도 한다.

21. 여자에게 표현은 하되 그것을 자주 반복하지는 마라.

22. 여자에게 항상 새로운 모습을 보여주도록 노력하라.

23. 때론 친구처럼 때론 기댈 수 있는 오빠처럼 때론 돌봐 줄 수 있는 아빠처럼 행동하라.

24. 여자의 실수를 너그럽게 용서할 줄 알아야 한다.

25. 자신감 있고 패기 있는 모습을 보여줘라.

26. 여자의 친구에게도 신경을 써야 한다.

여자는 친구의 말에 상당히 귀가 쏠리므로 당신이 여자의 친구에게 잘못 보인다면 당신은 힘들어질 것이다.

27. 깜짝 선물을 하여라.

28. 여자의 질투심을 자극하되, 여자의 시기심은 자극하지 마라.

29. 여자에게 지나친 강요는 오히려 반감을 산다는 걸 잊지 마라.

30. 여자도 사람이다. 환상을 버려라.

● 톰 왓슨

아이비엠의 창설자 톰 왓슨 회장도 유머형 경영자이다. 그가 회장으로 있을 때 한 간부가 회사에 1,000만 불이 넘는 엄청난 손실을 낸 적이 있다. 왓슨에게 불려온 간부가 "물론 제가 사표를 내길 원하시겠죠?" 묻자, 왓슨은 당치도 않다는 듯 "지금 농담하나? 아이비엠은 자네의 교육비로 무려 1,000만 불을 투자했는데. 지금 자르라고?"

● 내 백화점

한 남자가 백화점 앞에서 바라보고 있는데 그 옆에서 한 노인이 담배를 피우고 있었다. 남자가 물었다.

"당신이 피우고 있는 담배가 비싸지요?"

"조금 비싼 편이죠."

"그걸 하루에 몇 개비나 피우죠?"

"한 10개비 정도?"

"언제부터 피우기 시작했나요?"

"40년 전부터요."

"저런! 저런! 당신이 40년 동안 시가를 피우지 않았다면, 이 백화점을 살 수 있었을 텐데……."

남자의 말에 노인이 크게 웃으며 하는 말,

"이 백화점은 내 것이오."

● **섹스는 노동?**

섹스가 노동인지 놀이인지 확신이 서지 않는 사람이 가톨릭 신부에게 의견을 물었다.

신부는 성경을 뒤지더니 말했다.

"섹스는 노동이므로 안식일에는 삼가야 합니다."

'신부가 어디 섹스가 뭔지 알기나 하려고.' 라고 그는 생각했다.

그래서 결혼한 목사를 찾아가서 답을 구했지만 역시나 같은 대답이었다.

그 답이 마음에 들지 않았던 그는 유대교 율법 박사인 랍비를 찾아가서 의견을 구했다.

"섹스는 확실히 놀이입니다."

라고 랍비는 단언하는 것이었다.

"여러 사람이 섹스는 노동이라고 하는데 어떻게 그렇지 않다고 장담하는 거죠?"

그러자 랍비는 나직한 소리로 대답했다.

"그게 노동이라면 우리 집사람이 가정부더러 그걸 하게 할 것 아닙니까?!!"

● **현재 상황**

갓 제대한 두 친구가 등산을 갔다. 그런데 어두운 하산 길에서 한 친구가 그만 낭떠러지에 떨어지고 말았다.

다른 친구가 다급한 목소리로 외쳤다.

"아직 살아있나?…… 오버."

"그래, 살아있다…… 오버."

"다친데는 없나?…… 오버."

"그런 것 같아…… 오버."

"다행이다. 다시 올라올 수 있겠나?…… 오버."

"그건 잘 모르겠다…… 오버."

"무슨 말인가?…… 오버."

"아직도 떨어지는 중이다…… 오버!"

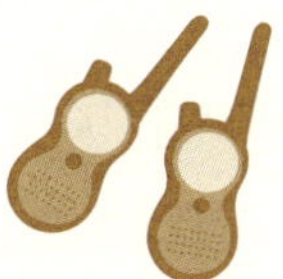

● **얼마나 실감나게 했으면**

한때 잘나가던 극단의 단원 두 사람이 지난날을 회고하고 있었다.

A : 햄릿 역을 맡았을 때 죽는 장면을 연기했더니 극장 안 모두가 울음바다가 되었지.

B : 참 나 원! 그게 뭐 대단해? 내가 그 장면을 연기했을 땐 내가 든 보험의 담당 직원이 그것을 보고 내 아내를 찾아가 보험금을 지불하려고 했었다네.

● 바퀴 없는 건물

이범석 전 외무장관이 남북회담의 남측 대표로 일할 때의 일.

그 당시 그는 북한 측 대표와 같은 자동차를 타고 판문점을 출발해 서울로 들어왔는데 서울로 들어설수록 엄청 많은 차들이 거리를 누비는 모습을 본 북측 대표가 이 대표에게 비아냥거리듯,

"대단하신 분들이군요. 우리에게 서울의 발전상을 보여주려는 뜻은 알겠지만, 저리도 많은 차량을 어떻게 다 모았는디요?"

그러자 이 대표는 웃으며 이렇게 대답했다.

"맞아요. 무척 힘들었죠. 다행히 자동차는 바퀴가 달려 있어서 옮기기가 쉬웠는데 바퀴가 없는 저런 건물들까지 옮기려 하니 여간 힘이 드는 게 아닙디다."

● 2인분의 생각

대식가로 유명한 쇼펜하우어가 어느 날 호텔 식당에서 식사를 하고 있었다. 그가 2인분의 식사를 시켜서 혼자 먹는 걸 보고 옆자리에 있던 손님이 들으라는 듯이 혼자서 중얼거렸다.

"어머! 세상에 혼자서 2인분을 먹는 사람도 있구만!"

그러자 그 말을 들은 쇼펜하우어가 손님을 향해서 정중한 눈인사를 하며 이렇게 말했다.

"물론 나도 그런 사람 중의 하나입니다. 그렇지만 그 대신 나는 항상 2인분의 생각을 하지요."

● **피장파장**

마크 트웨인이 책을 빌리려고 이웃집에 가자 그 집 주인이 마크 트웨인을 보며

"얼마든지 빌려 드리지요 단, 여기서 보셔야 합니다. 절대로 책은 서재 밖으로 내보내지 않거든요."

며칠 후 그 이웃집 주인이 마크 트웨인에게 잔디 깎는 기계를 빌리러 오자 트웨인은

"빌려 드리고말고요. 얼마든지 쓰십시오. 그러나 한 가지 말씀드리고 싶은 것은, 여기서 써야 합니다. 기계는 집 밖으로 절대로 내보내지 않기로 했거든요." 라고 말하며 웃었다.

● **소개**

어느 고등학교 교장이 강당에서 새로 부임한 교사를 소개하려고 하는데 학생들이 너무 떠들어대는 바람에 제대로 말을 할 수가 없었다. 그러자 매우 슬픈 표정으로 입을 열었다.

"학생 여러분, 여기 이 분은 왼쪽 팔이 하나 밖에 없습니다."

교장 선생님의 말씀에 일순간 학생들은 물을 끼얹은 듯 조용해졌고 모두가 교장선생님의 다음 말씀에 귀를 기울였다. 교장선생님은 호흡을 가다듬고 조용히 말했다.

"그리고 오른쪽 팔도 하나 밖에 없습니다."

● **직원의 책임**

회사가 큰 손실을 입었는데 기획을 추천했던 직원들은 사장이 자신들에게 불호령을 내릴 것이라 걱정하였다.

그 중 책임자가 사표를 낼 것을 각오하고 사장실을 찾았다.

긴장을 하고 방문했는데 의외로 사장의 얼굴은 평온했고, 책상에 앉아 무언가 적고 있었다.

"사장님, 죄송합니다. 엄청난 손실이 난 것은 저희 때문입니다."

직원은 불호령이 떨어질 것을 각오하고 있었다. 그런데 사장은 껄껄 웃더니 적고 있던 종이를 건넸다. 거기에는 회사의 손실에 관련되어 있는 직원들의 이름과, 그들이 그동안 얼마나 열심히 회사를 위해 노력했는지, 지금까지 어떤 성공적인 기획을 해 왔는지가 빼곡히 적혀있었다.

"누군가에게 화낼 정도로 상황이 좋지 않으면, 그가 어떤 일을 해왔는지도 다 잊고 함부로 대하게 되지. 한순간의 분노가 유능한 사람들을 잃게 할 수 있어. 난 직원들이 이제까지 얼마나 노력해 왔는지를 잊을 만큼 어리석은 사람이 아닐세."

이 사장이 훗날 세계 최고의 부를 쌓았던 록펠러이다.

● 재치

어느 날 프랑스의 국왕 루이 15세가 유명한 외과의사의 병원에 친히 들렀다.

국왕 : 나를 이 병원에 있는 다른 환자들과는 다르게 대우하겠지?

의사 : 전하, 황송하옵니다.

국왕 : 황송하다니. 무슨 말인고?

의사 : 저희 병원에서는 모든 환자를 왕처럼 대우하고 있답니다.

● 두 개의 언어

김수환 추기경이 외국인들과 이야기를 하시는 것을 본 신부가

"추기경님께서는 몇 개의 말을 할 수 있습니까?" 하고 물었다.

신부의 물음에 김수환 추기경은

"나는 두 개의 말을 잘하는데, 그 말이 무엇일까?"

그러자 같이 있던 국장 신부들이 대답했다.

"추기경님께서 독일에서 유학을 하셨으니 독일어를 잘하실 거 같습니다."

"추기경님께서는 일제 강점기를 사셨으니 일본어를 잘하실 것 같습니다."

그런 국장 신부들의 대답에 추기경은 고개를 좌우로 흔들며

"둘 다 아닙니다. 저는 두 가지 말을 잘하는데 그게 뭐냐면 하나는 거짓말이고 다른 하나는 참말입니다."

● **어?**

대원군 때 청나라에서 사신이 왔는데 통사 김지영이 사신을 맞이하여 서울 이곳저곳을 구경시키고 있었다.

경복궁에 이르자 사신이 물었다.

"이 궁전을 짓는 데 얼마나 걸렸소?"

"글쎄요, 한 3년은 걸렸을 것입니다."

김지영의 말에 청나라 사신은 헛기침을 하면서 말했다.

"저 정도는 우리 청나라에서는 1년이면 충분한데."

창덕궁 앞에 이르자 또 물었다.

"이 창덕궁은 짓는데 얼마나 걸렸습니까?"

"한 1년 걸렸을 것입니다."

"1년?! 우리 청에서는 석 달이면 충분할걸요?"

청의 사신 허풍에 김지영은 은근히 부아가 치밀었다. 남대문에 이르러 김지영은 고개를 갸우뚱하며 사신이 들을 정도의 큰 소리로,

"어? 거 참 이상하네! 이 문은 어제 아침까지만 해도 분명 여기 없었는데 언제 세웠을까?"

● **그 말이 그 말**

기자가 신문에 "정치인의 반은 바보다." 라고 기사를 냈다.

화가 난 정치인이 당장 기사를 수정하라고 하자,

다음날 신문에 난 기사, "정치인의 반은 바보가 아니다."

● **결과**

더럽고 꾀죄죄한 부랑자가 한 남자에게 저녁 사먹게 만 원만 달라고 구걸하자 남자는 주머니에서 만 원을 꺼내들고 물었다.

"내가 이 돈을 주면 가서 술을 사 마시겠소?"

"아뇨, 술은 오래 전에 끊었지요." 부랑자가 대답했다.

"그럼 이 돈으로 도박을 하겠소?"

"난 도박 안 해요. 먹고 살기도 힘든 판국인데요. 어찌 감히……."

"그럼 이 돈으로 골프를 치겠소?"

"웬 개가 풀 뜯어먹는 소리요? 골프 쳐본 지 10년이나 됐수다."

그러자 남자가

"됐소. 그럼 우리 집에 가서 근사한 저녁이나 먹읍시다."

부랑자는 깜짝 놀랐다.

"부인이 그런 행동에 엄청 화를 내지 않을까요?"

그러자 남자가 대답했다.

"문제없소. 난 마누라에게 남자가 술과 도박, 골프를 끊으면 어떤 꼴이 되는지 똑똑히 보여주고 싶소."

● 위기관리

카네기에게 참을 수 없는 욕과 저주를 퍼 붓는 여자가 있었다. 그런데 카네기는 그저 온화한 미소를 지으며 조용히 듣고만 있는 게 아닌가! 옆에 있던 친구가 물었다.

"자네, 이런 말을 듣고도 참을 수 있는 비결이 뭔가?"

"이 여자가 내 아내가 아니라는 것이 얼마나 감사한지. 그것을 생각하고 있었다네."

● 팬티의 비밀

퇴근 후 부부생활을 위하여 준비운동으로 국민체조를 3번했다.

부부생활이 지나고 아침이 되니 머리맡에는 갈아입을 새 팬티가 놓여있었다.

팬티에 붙어 있는 글자.

'TRY'

"음……. 다시 잘해보라고?"

다음 날 퇴근 후 체조를 10번했다.

부부생활 후, 다음날 새 팬티에 붙어 있는 글자.

'BYC'

"음……. BYung Chin?"(병신?)

다음 날 각성하는 마음으로 학교운동장을 5바퀴 뛰었다.

그날 부부생활 후 아침 머리맡에 놓여 있는 팬티에 붙어 있는 글자.

'입센 로랑'

"음……. 입만 너무 셌나?"

다음 날 수영을 했다.

그날 부부생활 후 아침 머리맡에 놓여 있는 팬티에 붙어 있는 글자.

'독립문'

"음, 이제야 스스로 일어섰구나."

다음 날 등산을 했다.

그날 부부생활 후 아침 머리맡에 놓여 있는 팬티에 붙어 있는 글자.

'쌍방울'

"드디어 남자로 인정을 받았구나."

다음 날 더 높은 산을 다녀왔다.

그날 부부생활 후 아침 머리맡에 놓여 있는 팬티에 붙어 있는 글자.

'Play Boy'

"음……. 훌륭해."

다음 날 수영도 하고 등산을 다녀왔다.

그날 부부생활 후 아침 머리맡에 놓여 있는 팬티에 붙어 있는 글자.

'좋은 사람들'

"'들'이라니……. 으악!"

그 다음 날.

친척집에 부부동반으로 가는 날이었다.

팬티 글자는

'Body Guard'

"음……. 가면서 보디가드 잘해야지."

하면서 태어날 때부터 소지했던 총과 총알 두 개를 잘 살려 확인했다.

그러나 걱정이 앞섰다.

거총을 하고 보디가드를 해야 할지 그냥 소지만 하고 해야 할지.

● 아내의 나이

거울을 볼 때마다 아내는 묻는다.

"여보 나 몇 살처럼 보여?"

하루 이틀도 아니고 끊임없는 이 질문에 아무리 대답을 잘해도 본전이다.

제 나이를 줄여서 말하면 아부라 할 것이고 제 나이를 말하면 삐지기 때문이다. 그래서 이번에는 머리를 써서 이렇게 말했다.

"응. 피부는 25세, 주름은 27세, 몸매는 23세 같아."

아내는 함박웃음을 머금고 나를 꼭 껴안아 주었다.

나는 쓸쓸한 웃음을 짓고 돌아서며 혼자 중얼거렸다.

"여보, 안됐지만……. 그걸 다 합친 게 당신 나이라고……. "

● 4×7=27

옛날에 고집 센 사람 하나와 똑똑한 사람 하나가 있었습니다.

둘 사이에 다툼이 일어났는데 다툼의 이유인즉슨, 고집 센 사람이 4×7=27이라 주장하고, 똑똑한 사람이 4×7=28이라 주장했습니다.

둘 사이의 다툼이 가당치나 한 이야기 입니까?

답답한 나머지 똑똑한 사람이 고을 원님께 가자고 말하였고, 그 둘은 원님께 찾아가 시비를 가려줄 것을 요청 하였습니다.

고을 원님이 한심스런 표정으로 둘을 쳐다본 뒤 고집 센 사람에게 말을 하였습니다.

"4×7=27이라 말하였느냐?"

"네, 당연한 사실을 당연하게 말했는데, 글쎄 이놈이 28이라고 우기지 뭡니까?"

고을 원님은 다음과 같이 말 하였습니다.

"27이라 답한 놈은 풀어주고, 28이라 답한 놈은 곤장을 열대 쳐라!"

고집 센 사람은 똑똑한 사람을 놀리며 그 자리를 떠났고 똑똑한 사람은 억울하게 곤장을 맞아야 했습니다.

곤장을 맞으면서 똑똑한 사람이 원님께 억울하다고 하소연 했습니다.

그러자 원님의 대답은,

"4×7=27이라고 말하는 놈이랑 싸운 네놈이 더 어리석은 놈이다. 내 너를 매우 쳐서 지혜를 깨치게 하려한다."

어리석은 자를 상종하지 말라.

● **메뉴판**

수술을 마치고 늦게 귀가하던 의사가 너무 배가 고파 레스토랑에 들어갔다.

"음……. 뭘 먹을까? 넘 시장하다."

그때 웨이터가 메뉴판을 들고 다가오는데 폼이 영 어정쩡한 것이 엉덩이 쪽이 불편해 보였다.

의사가 웨이터를 보며 말했다.

"혹시 치질 있습니까?"

웨이터 왈.

"메뉴판에 있는 것만 시키세요."

● **방법**

중국은 워낙 자전거를 많이 타고 다녀서 허다하게 가게 앞 담벼락에 자전거를 두고 출근을 한다. 이것이 갈수록 심해지자 주인은 담벼락에 자전거를 주차하지 말라고 온갖 경고문을 써 붙였다. 하지만 경고문도, 협박도 부탁도 모두 소용이 없었다. 그러던 어느 날 주인에게 기발한 꾀가 생각났다. 그 후 모든 자전거가 담벼락에서 자취를 감추었다. 그 꾀란 것은 바로…….

'자전거를 공짜로 드리오니 맘에 드시면 언제든 가져가십시오.'

● **대중탕과 독탕**

오랫동안 홀아비로 지내던 할배가 칠순을 맞게 되었다.

며느리는 시아버지에게 거금 4천원을 내밀며,

"아버님 내일모레 칠순잔치를 하니 시내에서 목욕하고 오세요."

라고 했다.

시아버지가 목욕탕엘 갔더니 3천 5백 원을 받고 5백 원을 돌려주었다. 뜨거운 목욕탕에서 때를 말끔히 벗기고 나니 몸이 날아갈 것 같았다. 목욕을 하고 나온 할부지는 상쾌한 기분을 어떻게 하면 오랫동안 지속할 수 있나 곰곰이 생각하다가 옛날에 친구와 놀러 갔던 어느 과부집을 생각해냈다. 과부집에서 실컷 재미를 본 할부지가 남은 돈 5백 원을 기분 좋게 과부댁에게 주고는 폼 잡고 나오는데,

과부댁 : 아니 이기 뭐꼬?

할배 : 와? 뭐시 잘못됐나?

과부댁 : 5백 원이 뭐시고? 남들은 10만 원도 주는데…….

할배 : 이기 미쳤나? 이 몸을 모두 목욕하는데도 3천 5백 원인데 고 쪼깬한 거 하나 씻는데 5백 원도 많지!

과부댁 : 흐이구~~ 할부지야! 거기는 대중탕이고……. 요기는 신선한 독탕이야…….

● 가장 중요한 일

세계적인 자동차 회사 미국의 '제너럴 모터스'사 최고의 엔지니어 찰스 케터링은 뛰어난 기술로 업계에서나 사회적으로도 유명하였다. 어느 날 한 모임에서 진행자가 그의 '신화의 손'을 높이 들며

"케터링 씨, 이 손으로 어떤 중요한 일을 하였습니까?"라고 물었다.

진행자는 물론 모임에 참석한 사람들은 모두 '자동차의 탄생!'이라는 말을 예상했는데 의외로 나온 말은,

"가장 중요하게 했던 일은 이 손으로 두 손을 잡고 기도한 일이었습니다."

● 참교육

찰스 2세가 웨스트민스터 스쿨을 방문한 적이 있었는데 교실을 안내하며 다니는 버즈비 교장은 모자를 쓴 채 의연하게 걷는데 그 뒤를 따르는 폐하는 모자를 벗어서 팔 아래에 끼고 공손하게 걸었다. 그 광경을 학생들이 모두 보았다. 그 후 찰스 2세가 떠날 때가 되자, 교장이 문가에서 진심으로 사과했다.

"폐하, 이 학교에서 신보다 더 위대한 분이 계시다는 것을 학생들이 생각하게 되는 날엔 제가 그들을 다스려 나갈 도리가 없어 그랬습니다. 신의 불경을 용서 하소서……."

● **후회**

전 현대그룹 회장, 고 정주영 회장님의 소년시절 이야기이다. 소년 정주영이 무작정 상경 길에 올랐는데 나루터에 도착한 그는 자신이 빈털터리임을 알고 한참을 망설이다 배에 올랐다. 잠시 후 뱃삯이 없는 게 들통이 난 정주영은 뱃사공에게 뺨을 맞고 욕을 들었다.

"네 이놈, 돈 없이 배를 탄 거 후회되지?"

그러자 정주영이

"후회돼요. 뺨 맞은 것 때문이 아니라 뺨 한 번이면 그냥 탈 수 있었는데 이제야 탄 게 너무 후회스러워요."

● **여자를 침묵시키는 법**

어느 아파트 반상회 날, 여자들 사이에 싸움이 벌어졌다.

경비원이 싸움을 말리러 오자, 여자들은 각자 자신의 입장을 밝히기 시작했다. 하지만, 여러 명이 한꺼번에 떠들어 대므로 경비원은 그들의 이야기를 제대로 알아들을 수 없었다. 참다못한 경비원이 말했다.

"모두가 한꺼번에 말하면 알아들을 수가 없잖아요. 제일 나이 많은 사람부터 이야기해 보세요."

그러자 아무도 이야기를 하려고 하지 않아 싸움은 흐지부지되고 말았다.

● 우울증

어느 정신병원에 남자가 찾아왔다.

"선생님, 저는 아주 우울하고 죽고 싶습니다. 왜 사는지 모르겠습니다."

"참, 안됐군요. 저기 길 건너에 찰리 채플린의 공연을 보시면 가슴이 뻥 뚫리고 후련해질 것입니다."

남자는 한숨을 푹 쉬더니 한마디 한다.

"내가 바로 찰리 채플린이오!"

● 식인종 아빠

식인종 아빠가 아들에게 말했다.

"오늘 먹을 식량으로 아랫마을에 가서 여자를 하나 잡아와라."

아들은 바싹 마른 여자를 한 명 데려왔다.

"안 돼, 그 여자는 너무 말라서 먹을 게 없어."

아들은 다시 가서 뚱뚱한 여자를 데려왔다.

"안 돼, 지방을 너무 많이 섭취하면 몸에 안 좋아."

아들은 다시 가서 3시간 동안 헤매다가 아주 예쁘고 섹시하게 생긴 여자를 데려왔다.

식인종 아빠가 깜짝 놀라 반기며 말했다.

"좋아! 이 여자는 집에 데려다 놓고 가서 너희 엄마를 데려와라."

잘난 척만 하는 어떤 한 부자가 소신 있는 가난한 재석이, 돈 많은 자신을 보고도 부러워하거나 아부를 떨지 않아 못마땅한 마음에 말을 걸었다.

"다들 나만 보면 쩔쩔매는데 당신은 왜 못 본 체 하는 건가?"

그러자 재석이가 말했다.

"당신이 부자이건 아니건 나와는 아무 상관이 없는데 내가 왜 굽신거려야 되지요?"

약이 바짝 오른 부자가 다시 말했다.

"그럼 내 재산의 반을 당신에게 주면 굽신거리겠는가!"

"둘 다 재산의 양이 같아지는데 굳이 굽신거릴 필요가 없죠."

"그럼 내 재산의 전부를 준다면 아양을 떨겠는가!"

"어허 참! 그럼 내가 부자고 당신이 거지되는데 더 더욱 그럴 필요가 없지 않습니까! 그땐 당신이 나에게 굽신거리시죠."

● **엉큼한 남자**

혼자 잘난 척하는 그야말로 올드미스 여자가 공식적인 파티 석상에서 플레이보이로 소문난 남자 옆에 앉게 되었다.

그녀는 다소 냉소적이고 비꼬는 듯한 얘기를 몇 마디 나누고선 남자를 향해 아주 냉담한 미소를 띠며 말했다.

"아무리 봐도, 우린 서로 통하는 게 전혀 없군요!"

그러자 플레이보이는 아무렇지도 않다는 듯 웃으며 물었다.

"전 그렇게 생각지 않는데요. 제가 그럼 한 가지 질문을 해도 될까요?"

"그러세요. 무슨 질문인데요?"

"만약 침대가 딱 두 개 있는 방에서 하룻밤을 묵어야 하는데 한쪽에는 여자가 다른 한쪽에는 남자가 누워 있다면 어느 쪽에 가서 자세요?"

여자는 아주 정색을 하면서 말했다.

"뭐예요? 당연히 여자랑 자죠!"

그녀의 대답에 그가 아주 호탕하게 웃으며 말했다.

"하하하! 거 보세요. 우린 통하는 게 있다니까요. 저도 여자 쪽에서 잠을 잘 거예요!"

● 어떤 남자의 선택

어떤 남자가 자신을 사랑하는 3명의 여자 중에서 누구를 결혼상대로 할까 고민하고 있었다.

그는 3명에게 각각 5,000달러씩 건네주며, 그녀들이 그 돈을 어떻게 사용할까 보기로 했다.

첫 번째 여자는, 비싼 옷과 고급 화장품을 사고, 최고의 미용실에 가는 등 자신을 완벽하게 보이기 위해서 그 돈을 모두 사용한 뒤 이렇게 말했다.

“나는 당신을 매우 사랑해. 그러니까, 당신의 아내가 가장 미인이라고 모두가 생각하길 원해.”

두 번째 여자는, 남편이 될지 모르는 그 남자를 위해서 새 양복과 셔츠, 차의 정비 용품을 사는 등 남김없이 쓰고 이렇게 말했다.

“나에게 있어서 당신이 제일 소중한 사람이야. 그러니까 돈은 전부 당신을 위해 사용했어요.”

마지막 여자는, 5,000달러를 불려서 두 배로 만들어 남자에게 돌려주었다.

“나는 당신을 매우 사랑해요. 나는 당신의 돈을 낭비하지 않아요. 내가 영리한 여자인 것을 당신이 알아줬으면 해요.”

.

.

남자는 고민 끝에 3명 중에서 가슴이 제일 큰 여자를 아내로 삼았다.

● **화끈한 농부**

국회의원을 실은 버스가 빗길에 미끄러져 절벽 아래 논두렁으로 추락했다.

때마침 폭우를 걱정하던 농부가 논을 살피러 나왔다가 그 현장을 목격했다. 농부는 땅을 파고 국회의원들을 모두 정성껏 묻어주었다.

며칠 뒤, 파출소장이 지나가다 부서진 버스를 보았다. 국회 소속의 버스임을 알고는 농부를 찾아가 어떻게 된 거냐고 물었다. 농부는 파출소장에게 국회의원을 전부 묻어주었노라고 말했다.

파출소장 왈

"아니, 그렇담 국회의원들이 전부 그 자리에서 즉사했다는 겁니까?"

농부 왈

"뭐, 몇 사람이 살아있다고 외쳤지만, 그 사람들 말을 믿을 수가 있어야죠."

●꼬리치지 마!

어느 회사 사장 사모님이 근엄한 표정으로 여비서를 몰아세우고 있었다.

사모님 : 이거 봐요.

여비서 : 네, 사모님.

사모님 : 내가 분명히 일러두겠는데 사장님이 누구지?

여비서 : 누구시긴요, 사모님 남편이시죠.

사모님 : 알고 있구먼, 사장님 앞에서 절대 꼬리를 치지 말아요. 지난번 여비서처럼 말이야, 알겠지?

여비서 : 네, 알겠습니다. 헌데 지난번 여비서란 누굴 말씀하시는 거죠?

사모님 : 누구긴 누구야? 나지…….

● 처음엔 다 그런 거야

신입사원이 서류 분쇄기 앞에서 분쇄기를 어떻게 사용하는지 몰라 당황하고 있었다.

그때 사장의 아름다운 비서가 나타났다. 미모의 비서는 아름다운 미소를 지으며 당황하는 신입사원의 서류를 받아들어 기계 속에 넣었다.

신입사원은 감사하여 어쩔 줄 모르며 비서에게 물었다.

"복사된 서류 사본은 어디로 나와요?"

5

유머경영

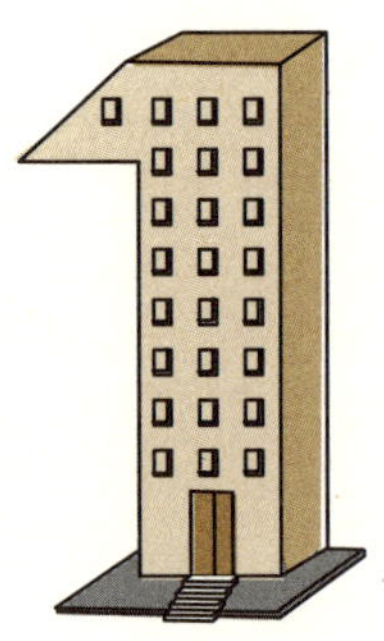

유머의 목적은 웃음을 통해 함께 기쁨을 느끼고 그로부터 삶의 활력을 얻는 것에 있으며, 이는 곧 현대 경영학과 조직론의 주요 관심사인 '윈윈'과 '시너지 효과'를 의미한다.

유머에는 이처럼 바람직한 인간관계와 효과적인 조직 경영에 필요한 요소가 두루 포함되어 있고, 바로 그것이 '유머경영'의 출발점이다.

웃음의 효과는 '의욕'이나 '활력'이라는 추상적인 영역에만 한정되지 않는다.

유머 컨설턴트들은 조직에 웃음이 퍼지면 근로자들이 건강해지기 때문에 의료보험 부담도 그만큼 줄어든다고 설명한다.

또 소속감과 연대 의식이 강해지기 때문에 고급인력을 경쟁 회사에 빼앗길 위험도 그만큼 줄어든다고 강조한다.

유머 경영학은 이처럼 무형의 효과(의욕과 활력)와 유형의 효과(비용절감, 인력 유지)를 동시에 낼 수 있는 효율적 경영 방식인 것이다.

웃음은 나에 대한 상대방의 모든 의혹과 경계심을 없애줌으로써 서로 간에 믿고 거래할 수 있는 토대를 만들어준다는 것이다.

그리하여 피차간에 득이 되는 의미있는 거래를 할 수 있다는 것이다.

이 같은 송청의 생각이야말로 윈윈 전략으로써의 유머경영이 갖는 대외적 효능을 정확히 꿰뚫은 혜안이라고 할 수 있다.

이처럼 내부적으로는 인간관계의 윈윈WinWin을 실현하여 시너지 효과를 이끌어내며, 대외적으로는 상호 이익을 추구하여 거래관계의 윈윈WinWin을 실현한다.

그러므로 지금까지 유머의 효능을 과소평가했던 사람은 이제부터라도 조직 전체에 유머를 보급하기 위한 방안을 연구할 필요가 있다.

물론 그 출발점은 당연히 자기 스스로 유머리스트(유머형 리더)가 되는 것이다.

정확히 말하면 유머리스트가 되기 위해 의식적으로 노력하는 것이다.

유머를 구사하고 웃음을 나누는 능력은 신이 인간에게 내린 선물이다.

21세기의 치열한 경쟁 속에서 살아남기 위해, 나아가 궁극적인 승자가 되기 위해 유머는 모든 리더들이 도입하고 연구해야 하는 미래형 경영 방식이다.

기업의 경쟁력은 효율성이고, 고효율은 구성원 자진참여로 마음으로 동의하고 신명나게 일할 때 성과는 극대화된다.

세상이 아무리 힘들고 우리를 슬프게 해도 결코 희망과 용기는 잃지 말자.

웃자. 또 웃자. 웃음은 보약보다 낫다고 하며 밝은 사회를 건설하는 데 웃음이 더 없이 좋다.

"여러분, 우리 모두 BMW 탈까요?"

모 제약회사에서 어느 강의에 초대된 교수가 물으니 많은 사람들이 이게 무슨 뜬금없는 소리냐 싶은 표정이었는데 한 사람만이 웃으며 응대했다.

"교수님, 전 이미 BMW를 타고 있어요."

교수가 어떤 BMW를 타느냐고 되물었을 때 그 부장의 대답이 걸작이었다.

"전 집에서 10분간 버스(Bus)를 타고 나와 중간에 지하철(Metro)

로 갈아타고 다시 걸어서(Walking) 회사에 와요. 저를 지금까지 건강하게 만들어준 BMW죠."

돈도 들지 않고 건강도 지켜주는 BMW를 타고 다니니 기분이 'UP'된다는 것이다. 강의장은 순간 BMW의 정체가 알려지면서 웃음바다로 변했다. 참으로 기발한 발상도 많고 재미있는 사람들도 많아졌다.

아인슈타인이 죽기 3일 전에 그의 친구들과 가족들이 모였다. 그중 어떤 사람이 그에게 이런 질문을 했다.

"자네가 위대한 업적을 남기고 세상을 떠나는데 한 가지 후회되는 것이 있다면 무엇인지 말해보게."

그러자 아인슈타인은 이렇게 말했다.

"좀 더 재미있게 살았으면 좋았을 텐데."

아인슈타인은 우리에게 재미있게 살라는 유언을 남기고 떠났다.

우리는 아직도 가정이나 학교, 사회에서 지식을 쌓으면 무조건 성공할 수 있고 1등을 하면 행복할 것이라는 가르침을 받고 있다. 하지만 진짜 성공하고 행복한 삶을 사는 사람들을 분석한 자료를 보면 그것이 옳지만은 않다는 것을 알 수 있다. 성공한 사람들은 늘 마음이 열려 있고 기분 좋은 상태를 유지하며 감성을 중시한다는 것이다.

당신은 무조건 땀 흘리며 일만 하는 개미가 될 것인가? 아니면 베짱이처럼 노래만 할 것인가? 여기에 대해 이어령 박사는 이렇게 답한다.

"요즘 세대는 개미가 되어서도 안 되고 베짱이가 되어서도 안 된다. 그들은 '개짱이'가 되어야 한다."

개미와 베짱이의 좋은 점을 본받아 자신만의 무기를 만들어 보라. 재미, 놀이, 창의성을 자극하는 감성 리더십을 발휘하라.

"오늘은 신이 내려주신 날, 그 안에서 즐거워하고 기뻐하라."고 자기경영 카운슬러 프랭크 티볼트는 말한다. 감성적인 마인드가 준비되어야 감성적인 대화를 즐길 수 있다.

성공한 사람들의 공통점은 늘 긍정적인 언어로 무장되어 있다는 것이다. 긍정적인 언어에서 백미는 유머다. 심리학자 융C.G. Jung은 "유머란, 오직 인간만이 가질 수 있는 신성한 능력."이라고 말했다.

국내기업에 다양한 펀 경영이 도입되었지만, 때로는 마케팅과 홍보의 전략으로 사용되기도 하고 CEO의 교체나 기업 전략의 변화에 따라서 너무나 유동적이고 한시적인 사업들이 많다. 말단 직원들이 제대로 인식하지 못하는 복잡한 기법, 오히려 직원들을 괴롭게 하는 전략, 또 하나의 번잡한 일이 되어버리는 Fun이라면 뿌리내리기가 쉽지 않다. 회사에서의 즐거움은 자신과 회사를 좋아하고 아낄 수 있는 자부심에서 나오게 되며 이러한 자부심이 회사에 대한 신뢰로 이어지며, 그 신뢰와 자부심의 핵심 요체가 바로 웃음과 유머인 것이다.

미국의 '로버트 프로빈' 교수에 의하면 웃음이 많은 그룹이 웃지 않는 기업에 비해 평균 40%에서 300%까지 생산성이 증대되었다고 한다. 웃음이 많은 그룹이 업무에 대한 적응력과 실적에서 탁월하다. 세계 최고의 자동차 판매 왕으로 이름을 날린 '조 지라드'는 아직도 수많은 영업사원들에게 전설적인 이름으로 알려져 있다. 그는 웃음의 위력을 알지 못하는 세일즈맨은 결코 성공할 수 없다고 단언한다.

'조 지라드'는 "인간에게 얼굴이 있는 것은 먹기 위해서나 세수하기 위해서도 아니며 면도하기 위해서도 아닌 오직 웃기 위해서."라고 말하는 탁월한 웃음예찬론자다. 그는 웃음만이 모든 문을 여는 만능열쇠라고 주장한다.

세계에서 가장 위대한 10대 인물에 뽑혔던 '앤소니 라빈스'는 최고의 감정 상태에서 최고의 결과가 나온다고 했다. 그는 웃음이야말로 우리를 순식간에 최고의 감정 상태로 이끌어주며 나아가 즐거움으로 이끌어준다고 말한다. 결국 모든 웃음과 유머는 사람을 소중하게 생각하는 데에서 나오며 이러한 비전 하에서 모든 개인은 자신을 좋아하게 되고 회사를 아끼게 되는 것이다. 결론적으로 펀 경영은 바로 사람 경영인 것이다.

● 사무실에 뱀이 나타났을 때의 기업별 대처 방법

국내기업

현대 – 우선 때려잡고 고민한다.

삼성 – 뱀에게 떡값을 준다.

LG – 삼성의 처리결과를 지켜본다.

두산 – 트위터로 물어본다.

한화 – 뱀이 사무실에 들어왔다고 뉴스 케스트에 올린다.

네이버 – 아고라에 뱀 잡는 방법을 물어본다.

외국기업

구글 – 뱀을 잡은 직원을 포상한다.

애플 – 뱀을 잡는 방법을 특허 신청한다.

닌텐도 – 뱀을 잡는 새로운 방법을 내 놓는다.

6

넌센스 퀴즈

분위기를 빨리 전환하고 싶을 때 손쉽게 사용할 수 있는 유머는 넌센스다.

조금 허무하기도 하면서 크게 폭소를 터뜨리지는 않지만 적당히 분위기 환기를 할 때에는 넌센스 퀴즈가 최고이다.

넌센스 퀴즈 모음 중에서 괜찮은 것들 몇 개를 외우고 있다가 이성친구나 서먹한 사이인 사람들과 함께 있을 때 사용해서 센스 있는 사람이 되어보자.

· 우리나라 사람들이 같은 날 쓰는 가위는? 한가위

· 낮에만 가는 시계는? 해시계

· '형을 너무 너무 좋아한다'를 세글자로 하면? 형광펜

· 삼각형의 동생은? 삼각

· 반성문을 다른 말로 하면? 글로벌

· 금은 금인데 도둑고양이에게 가장 어울리는 금은? 야금야금

· 성질 급한 사람들에게 비춰주는 달은? 안달복달

· 옷에 걸고 다니는 빵은? 멜빵

· 진짜 새의 이름은 무엇일까요? 참새

· 세상 사람들이 똑같이 먹는 것은? 나이

· 사람의 몸무게가 가장 많이 나갈 때는? 철들 때

· 사람들이 즐겨먹는 피는? 커피

· 바닷가 가서 하는 욕은? 해수욕

· 우리나라에 가장 많은 산은? 중국산

· 머리 감을 때 어디부터 감을까? 눈

· 세상에서 가장 골치 아픈 끈은? 지끈지끈

· 수험생이 가장 싫어하는 국은? 미역국

· 놀부가 가장 좋아하는 술은? 심술

· 반드시 모자를 벗어야만 일을 할 수 있는 곳은? 이발소, 미용실

· 살아있는 북은? 거북

· 못은 못인데 박을 수 없는 못은 ? 연못

· 방은 방인데 들어가기 싫은 방은 ? 감방

· 더러워서 내야하는 것은 ? 오물수거비

· 우리나라에서 가장 오래된 공중변소는? 전봇대

· 우리나라에서 잠이 가장 많은 가수는? 이미자

· 우리나라에서 가장 활을 잘 쏘는 사람은? 활명수

· 미국 대통령 중 바지가 잘 흘러내리기로 유명한 사람은?

  루즈벨트(Lose belt)

· 이 시대의 최고 팔불출은? 지 마누라 보고 서는 놈

· 병은 병인데 못 고치는 병은? 빈병

· '도둑이 도둑질하러 가는 걸음걸이'를 네글자로 하면? 털레털레

· '씨름 선수들이 죽 늘어서 있다'를 세글자로 줄이면? 장사진

· 서로 진짜라고 우기는 신은? 옥신각신

· 여자가 가장 좋아하는 집은? 시집

· 남자가 가장 좋아하는 집은? 계집

· '소가 웃는 소리'를 세 글자로 하면? 우하하!

· 인간의 가장 밑바닥은? 발바닥

· 법 없이도 살 수 있는 사람은?

  수영장에서 물어물어 화장실 찾아가는 사람

· 중학생과 고등학생이 타는 차는? 중고차

· 왕이 넘어지면 뭐가될까? 킹콩

· 초등학생이 가장 좋아하는 동네는? 방학동

· 스타들이 싸우는 모습을 뭐라고 할까? 스타워즈

· 라면은 라면인데 달콤한 라면은? 그대와 함께라면

· 겨울에 많이 쓰는 끈은? 따끈따끈

· 달에 왜 토끼가 없을까? 토꼈으니까

· 길가에서 죽은 사람을 무엇이라 할까? 도사

· 진짜 문제투성이인 것은? 시험지

· 세 사람만 탈 수 있는 차는? 인삼차

· 폭력배가 많은 나라는? 칠레

· 굶는 사람이 많은 나라는? 헝가리

· 노총각들이 가장 좋아하는 감은? 색시감

· 먹고 살기 위해 하는 내기는? 모내기

· 아무리 예뻐도 미녀라고 못하는 이 사람은? 미남

· 사람이 일생동안 가장 많이 하는 소리는? 숨소리

· 가장 알찬 사업은? 알(계란)장사

· 눈이 녹으면 뭐가 될까? 눈물

· 가장 더러운 강은? 요강

· 귀는 귀인데 못 듣는 귀는? 뼈다귀

· 말은 말인데 타지 못하는 말은? 거짓말

· 사람이 먹을 수 있는 제비는? 수제비

· 세상에서 제일 큰 비는? 왕비

· 세상에서 제일 큰 코는? 멕시코

· 세상에서 가장 빠른 닭은? 후다닥

· 세상에서 가장 야한 닭은? 홀닥

· 다리 중 아무도 보지 못한 다리는? 헛다리

· 눈은 눈인데 보지 못하는 눈은? 티눈, 쌀눈

· 닭은 닭인데 먹지 못하는 닭은? 까닭

· 먹고 살기 위하여 누구나 하나씩 배워야 하는 술은? 기술

· 목수도 고칠 수 없는 집은? 고집

· 묵은 묵인데 먹지 못하는 묵은? 침묵

· 문은 문인데 닫지 못하는 문은? 소문

· 물고기 중에서 가장 학벌이 좋은 물고기는? 고등어

· 물은 물인데 사람들이 가장 무서워하는 물은? 괴물

· 물은 물인데 사람들이 가장 좋아하는 물은? 선물

· 바가지는 바가지인데 쓰지 못하는 바가지는? 해골바가지

· 발이 두개 달린 소는? 이발소

· 배울 것 다 배워도 늘 배우라는 말을 듣는 사람은? 배우

· 벌레 중 가장 빠른 벌레는? 바퀴벌레(바퀴가 있으니까)

· 사람들이 가장 싫어하는 거리는? 걱정거리

· 아홉 명의 자식을 세자로 줄이면? 아이구

· 약은 약인데 아껴 먹어야 하는 약은? 절약

· 장사꾼들이 싫어하는 경기는? 불경기

· 낭떠러지 나무에 매달려 있는 사람이 싸는 똥은?

  떨어질 똥 말 똥, 죽을 똥 살 똥

· 오줌을 잘 싸는 사람은 오줌싸게, 그러면 빨리 싸는 사람은?

  잽싸게

· 전쟁 중에 장군이 가장 받고 싶어 하는 복은? 항복

· 창으로 찌르려고 할 때 하는 말은? 창피해!

· 창피한 것도 모르고 체면도 없는 사람의 나이는? 넉살

· 책은 책인데 읽을 수 없는 책은? 주책

· 탈 중에 쓰지 못하는 탈은? 배탈

· 파리 중에 가장 무거운 파리는? 돌팔이

· 파리 중에 날지 못하는 파리는? 프랑스 파리, 해파리

· 해에게 오빠가 있다. 누구인가? 해오라비

· '청소하는 여자'를 세자로 줄이면? 청소년

· 가장 달콤한 술은? 입술

· 자동차 10대가 달리는 레일은? 카텐레일

· '흥부가 자식을 20명 낳았다'를 다섯 글자로 하면? 흥부 힘 좋다

· 못 팔고도 돈 번 사람은? 철물점 주인

· 가만히 있는데 잘 돈다고 하는 것은? 머리

· 많이 맞을수록 좋은 것은? 시험문제

· 이상한 사람들이 모이는 곳은? 치과

· 날마다 가슴에 흑심을 품고 있는 것은? 연필

· 인정도 없고, 눈물도 없는 몹쓸 아버지는? 허수아비

· 풍뎅이 중에 가장 오래 사는 풍뎅이는? 장수풍뎅이

· 공중 화장실이란? 비행기 안의 화장실

· 우리나라에서 도를 통한 스님이 가장 많은 절은? 통도사

· 언제나 말다툼이 있는 곳은? 경마장

· '양초가 가득 차 있는 상자'를 세글자로 줄이면? 초만원

· 천 냥 빚을 말로 갚은 사람은? 말 장수

· 직장에서 가장 무서운 상사는? 불상사

· 세상 사람들이 가장 좋아하는 영화는? 부귀영화

· 엿장수가 가장 싫어하는 쇠는? 구두쇠

· 하늘에서 사는 개는? 안개. 번개. 무지개

· 유부남이란? 아버지가 살아 계시는 남자

· 또 다른 유부남이란? 유사시 부를 수 있는 남자

· 또 또 다른 유부남이란? 유난히 부담 없는 남자

· 돈벌이에 눈이 먼 아비는? 장물아비

· 플레이보이들이 가장 즐기는 놀잇감은? 바람개비

· 부인이 남편에게 매일같이 주는 상은? 밥상

· 아무도 믿을 수 없다는 사람이 가장 믿는 신은? 자기 자신

· 노처녀들이 가장 좋아하는 약은? 혼약

· 찾아오는 손님들 모두와 이상한 관계로 만날 수밖에 없는 의사는?
  치과 의사

· 고기를 먹을 때마다 쫓아다니는 개는? 이쑤시개

· 먹으면 죽는데 안 먹을 수 없는 것은? 나이

· 집에서 매일 먹는 약은? 치약

· 이 세상에 태어나 단 한 번만 먹고 입을 다물어 버리는 것은?
  편지봉투

· IMF시대에 폭풍우보다 더 무서운 비는? 낭비

· 누구든지 노력하면 얻을 수 있는 금은? 저금

· 세계에서 몸집에 제일 큰 여자의 이름은? 태평양

· 물 없는 사막에서도 할 수 있는 물놀이는? 사물놀이

· 법적으로 바가지요금을 받아도 되는 장사는? 바가지장사

· 도둑이 훔친 돈을 뭐라고 할까? 슬그머니

· 여자가 지켜야 할 도리는? 아랫도리

· 남자들이 지켜야 할 도리는? 장도리

· 세상에서 제일 더럽고 추잡스럽기 짝이 없는 개는? 꼴불견

· 유일하게 날로 먹을 수 있는 오리는? 회오리

· '술과 커피는 안 팝니다'를 네 글자로 줄이면? 주차(酒茶) 금지

· 자전거를 사이클이라고 합니다. 그럼 자전거를 못 탄다는 말은?

  모타 사이클

· '당신은 시골에 삽니다'를 세자로 줄이면? 유인촌(You in 촌)

· 나폴레옹의 묘 이름은? 불가능

· 여자만 먹는 음식은? 여탕

· 여자만 갖는 권리는? 여권(passport)

· 여자만 사는 섬은? 여의도

· 여자만 자는 곳은? 여인숙

· 여자만 사는 곳은? 여관

· 동생과 형이 싸우는데 엄마가 동생 편을 드는 세상을 뭐라 할까?

  형편없는 세상

· 천재 남편과 바보 아내가 결혼하면 어떤 아이를 낳을까?

  갓난아기

· 사람의 몸에서도 만들어질 수 있는 기름은? 개기름

· 사업상 목욕을 할 수 없는 사람은? 거지

· 코끼리와 고래를 결혼시켜서 태어난 말은? 거짓말

· 이혼을 하지 않으려면 어떻게 해야 하나? 결혼하지 않는다

· 수학책을 난로 위에 놓으면? 수학 익힘책

· 자기들만이 옳다는 사람들만 사는 집은? 고집

· 곰이 목욕하는 곳은? 곰탕

· 도둑이 없는 도둑 마을은 어딘가? 교도소

· 아주 오래전에 건설된 다리를 무엇이라 부르나? 구닥다리

· 우리나라 왕들 중 가장 셈을 잘했던 왕은? 연산군

· 옛날 왕실의 돈 관리는 누가 했을까? 세자

· 세종대왕이 가장 아끼는 성은? 백성

· 절 중에서 그 역사가 아주 긴 절은? 개천절

· 절 중에서 가기가 아주 힘든 절은? 우여곡절

· PC방에 있지만, 별로 무섭지 않은 용은? 1인용, 2인용

· 보내기 싫을 때 내는 것은? 가위나 바위

· 비가 오나 눈이 오나 빨간 옷을 입고 길거리에 서 있는 것은?

우체통

· 거꾸로 매달린 집에 수십 개의 문이 있는 것은? 벌집

· 김치만두가 김치에게 무슨 말을 했을까? "내안에 너 있다."

· 동물원의 배고픈 사자가 철창 밖에 있는 사람들을 보고 한 말은?

그림의 떡

· 스탈린이 지금까지 살아 있다면 어떻게 될까? 그의 무덤이 없다

· 남자에게는 있고 여자에게는 없는 것, 아줌마에겐 있고 아저씨에
  겐 없는 것, 총각에겐 있고 처녀에겐 없는 것은? 글자의 받침

· 할아버지가 제일 좋아하는 돈은? 할머니

· 체육시간에 피구를 하다가 여학생 두 명이 죽었다. 어떻게 된걸까?
  금 밟아서

· 화장실에 가면 소변과 대변 중 어느 것이 먼저 나올까?
  급한 것

· 암탉은 어느 집에서 시집왔을까? 꼬꼬댁

· 차마 눈뜨고 볼 수 없는 여자는? 꿈속의 여자

· 우리가 수업시간에 자는 이유는? 꿈을 갖기 위해서

· 꿩 먹고, 알도 먹는 사람은? 꿩 주인

· 바나나 우유가 웃으면? 빙그레

· '이 세상에서 제일 잘 생긴 사람'을 한글자로 표현하면? 나

· 사냥꾼에게 생포된 곰이 하는 말은? 나 쓸개 빠진 곰이에요

· 바나나가 웃으면? 바나나킥

· 할아버지, 할머니께서 가장 좋아하는 폭포는? 나이야가라

· 공처가와 애처가의 공통점은? 남자

· 아빠가 일어나면, 엄마는 책 보는 곳은 어디일까? 노래방

· 다섯 그루의 나무를 심으면? 오목

· 긴 막대기가 놓여있는데, 이것을 손대지 않고 짧게 만들려면?
  더 긴 것을 옆에 놓는다

· 로또복권 당첨확률을 2배 올리는 방법은? 두 장 산다

· 절벽에서 떨어지다가, 나무에 걸려 살아난 사람은?

  덜 떨어진 사람

· 만 원짜리와 천 원짜리가 길에 떨어져 있으면, 어느 것을 주어야

  할까? 둘 다

· 목욕탕에 가면 두고 나오는 것은? 때

· 나폴레옹은 전쟁터에 나갈 때 왜 항상 빨간 벨트를 찼을까?

  바지가 흘러내리니까

· 여자가 주로 바르고, 남자가 즐겨 먹는 것은? 립스틱

· 얼굴은 예쁜데 속이 텅 빈 여자는? 마네킹

· '너는 진짜 미남이다'를 네 글자로 표현하면? 말도 안 돼

· 변호사, 검사, 판사 중 누가 제일 큰 모자를 쓸까? 머리 큰 사람

· '죽이다'의 반대말은? 밥이다

· 백곱하기, 백곱하기, 백곱하기, 백곱하기 ……. 를 계속하면?

  배꼽에서 피난다

· 콜라와 마요네즈를 섞으면? 버려야 한다

· 하늘의 별따기보다 더 어려운 것은? 별 달기

· 하늘을 나는 참새와 독수리가 공중에서 정면충돌을 했다면 무슨

  현상일까? 보기 드문 현상

· 인삼은 6년 근 일 때 캐는 것이 좋다. 산삼은 언제 캐는 것이 제일

  좋은가? 보는 즉시

· 가장 따뜻한 팬티는? 팬티 보일라

· 오렌지 주스가 든 컵에 손 하나 안 대고 마시는 방법은?

  빨대로 마신다

· 못생긴 여자를 무지무지하게 좋아하는 남자는 누구일까?

  성형외과 의사

· 침대는 가구일까? 과학일까? 침대는 곤충이다. 잠자리이니까

· 불란서에서 가장 유명한 조리사는? 드슈

· 제비족에게 최초로 당한 여자는? 놀부 마누라

· 미역장수가 제일 좋아하는 산은? 출산

· 피투성이가 돼야 돈 버는 사람은? 고스톱 꾼

· 절대로 쓰러지지 않는 사업은? 건재상

· 먹고 살기 위해 찾는 책은? 호구지책

· 진짜 사정 급한 사람은? 조루증 환자

· 유부녀만 좋아하는 남자는? 산부인과 의사

· 새 발의 피로 팔자 고친 사나이는? 흥부

· 찔러도 피 한 방울 안 나오는 사람은? 마네킹

· 눈 깜짝할 사이에 이루어지는 것은? 윙크

· 가장 바쁜 사람들이 마시는 술 이름은? 동분서酒

· 홈런 치면 절대 안 되는 운동은? 탁구

· 세계에서 가장 두렵고 잔인한 총은? 눈총

· 달면 뱉고 쓰면 삼키는 사람은? 당뇨병 환자

· 매일 고스톱을 해야 먹고사는 사람은? 교통순경

· 실업자 되면서 받은 돈은? 정년 퇴직금

· 세월을 속이는 약은? 머리 염색약

· 인간의 욕심을 단 한 글자로 표현한다면? 더

· 어른이 되고나서도 만나기 싫은 선생님은? 의사 선생님

· 감이 싸우다 죽으면? 감전사

· 남대문을 다른 말로 하면? 지퍼

· 전화기가 다닌 중학교는? 부재중

· 소가 따뜻한 게 무엇일까? 소핫

· 소와 개가 만나면? 소개팅

· 소는 소인데 도저히 무슨 소인지 알 수 없는 소는? 모르겠소

· 처음 만나는 소가 하는 말은? 반갑소

· 잠자는 소는? 주무소

· 국에 들어있는 생선을 두 글자로 말하면? 국어

· 개와 사람이 동업하면? 개인사업

· 소녀시대가 타고 다니는 차는? 제시카

· 송혜교, 송대관, 송윤아의 공통점을 연예인 이름으로 말한다면?

  성동일

· 대장균의 부하는? 신하균

· 공포영화를 봐도 꼼짝 안하는 담력이 쎈 연예인은? 태연

· 빵이 시골로 간 까닭은? 소보로빵 (소를 보러)

· '허리를 펴다'를 영어로 하면? 허리 업 (hurry up)

· '나는 돈이 없어요'를 영어로 하면? 아이돈 노

7

야한 유머

● 신혼 신부의 꿈

신혼의 신부가 잠자리에서 입을 열었다.

"자기, 난 요즈음 꿈에 매일 남자의 그것만 보여요."

"그거야 신혼이라서 그러지. 그리고 내가 날마다 사랑해 주니까 꿈에까지 이어지는 거라고. 어제는 어떤 꿈을 꾸었는데?"

"글쎄, 내가 남자 물건의 경매장에 갔지 뭐예요. 긴 것은 만원, 굵은 것은 이만 원, 굵고 긴 것은 삼만 원에 팔리고 있더라구요. 그리고 자기 것도 보았어요."

"그래? 그럼 내 것은 얼마에 팔렸어?"

"당신 것은 팔리지 않던데요?"

"왜? 너무 비쌌던 모양이지?"

"아뇨. 너무 작아서 샘플로 돌리더라."

● **밤 이야기**

남편이 잠자다가 목이 말라 일어났다.

그런데 부스럭 소리에 깬 아내가 하는 말.

"지금 할라꼬?"

힐끗 쳐다보곤 아무 말 없이 불을 켰더니 요상한 눈빛으로 쳐다보

며 아내가 하는 말.

"불 켜고 할라꼬?"

머리맡에 둔 안경을 찾아 썼더니 갸웃거리며 아내가 하는 말.

"안경 쓰고 할라꼬?"

인상 쓰며 문을 열고 나갔더니 눈을 반짝 거리며 아내가 하는 말.

"밖에 나가 소파에서 할라꼬?"

못들은 척 그냥 나가서 냉장고를 열고 물을 꺼내 마시고 있으니 아

내가 하는 말.

"물 먹고 할라꼬? 내도 좀 다오. 목이 타네?"

한 컵 가득 따라 주고 도로 들어와 잠을 청하려 하니 실망한 눈으

로 쳐다보며 아내가 하는 말.

"새벽에 할라꼬?"

● 돈 받고 하는 것

부부가 함께 영화관에 갔다.

마침 남녀가 열렬히 사랑을 나누는 장면이 나왔다.

그 장면을 보고 있던 아내가 옆에 앉아있는 남편의 허벅지를 살짝 꼬집으며 말했다.

"당신도 저런 식으로 해 줄 수 없어요?"

"무슨 소리야!! 저 사람이 저렇게 하는데 영화사로부터 돈을 얼마나 받고 하는지 알아?"

● 야한 신부

어느 회사 사장이 평소 회사 일을 열심히 하고 자신의 일을 잘 돌봐 준 여비서를 예쁘게 여겨 사내의 유능한 사원과 짝을 맺어 주었다.

결혼식을 마치고 두 사람은 호텔방에서 첫날밤을 보내게 되었다.

그런데 신부의 교성이 너무 컸다.

신랑이 소리를 낮춰가며 말했다.

"이봐요, 그렇게 소리치면 어떻게 해? 옆방까지 들리면 창피하잖아요."

그러자 신부가 하는 말.

"어머, 어쩜 사장님과 똑같이 말을 하네."

● 옷

아들과 딸이 있었다.

초등학교 4학년 영희와 2학년 철수가 함께 텔레비전을 보고 있었다.

그런데 텔레비전에서 화가가 누드모델을 그리는 장면이 나오는 것

이었다. 좀 쑥스럽고 멋쩍은 듯한 모습으로 영희가 물었다.

"도대체 왜 화가들은 여자를 벗겨놓고 그리는 걸까?"

그러자 철수가 당당하게 대꾸했다.

"아니, 누나는 그것도 몰라? 화가들이 옷 그리는 게 더 어려우니까

그렇지!"

● 세대별 성관계

20대 : 팬티를 벗길라치면 "제발 이러지 마세요! 이러시면 안돼요!"

하면서 슬그머니 궁둥이를 들어준다. 잘 벗겨지라고.

30대 : "싫은데, 싫은……. 자기 미워!" 하면서 스스로 벗는다.

40대 : 아주 협박적이다. 발랑 자빠져 가지고는 하는 말이 "잘해!

알았어? 꾀부리지 말고. 시원찮으면 알지?"

50대 : "벌써 다 했어? 문전에 더럽게 풀칠만 하고 마냐."

60대 : "한 거여? 안 한 거여? 들어왔다 나간겨?"

70대 : "시방 뭐 한 거여?"

● **여자와 강도**

어느 날 여자가 혼자 사는 방에 강도가 들어왔다. 그런데 강도는 여자를 본 순간 돈에 관심이 사라졌다. 그리고 여자한테 다가가서 옷을 벗기고 자기의 그것(?)을 꺼내어 여자의 그곳에 집어넣었다.

그 순간 여자는 "안돼욧!!!"하고 말했다. 그러자 강도가 "그럼 뺄까?"라고 묻자 여자는 다시 "안돼욧!!"하는 것이었다. 어이없는 강도가 "그럼 나보고 어쩌라구~!"

그러자 여자가 하는 말,

"넣었다 뺐다 해주세요."

● **질문**

수술을 받고 마취에서 깨어난 여자가 머뭇거리며 의사에게 물었다.

"의사 선생님, 얼마쯤 지나야 정상적인 부부관계를 가질 수 있을까요?"

질문을 받은 젊은 의사는 얼굴이 벌게지더니 더듬더듬 말했다.

"글쎄요? 의학 서적을 들춰 봐야겠는데요."

여자는 깜짝 놀라서 물었다.

"왜요? 심각한 상태인가요?"

의사가 대답했다.

"아니요, 쌍꺼풀 수술을 받은 환자로부터 이런 질문을 받은 것이 처음이라서요."

● **장점**

영희와 민정이는 한 회사 직원이다.

둘은 커피를 마시며 이야기를 하고 있었다.

영희가 말했다.

"새로 오신 우리 이사님 정말 근사하지 않니? 옷도 멋지게 입고."

민정이가 맞장구를 쳤다.

"그럼~ 옷도 얼마나 빨리 입는데."

● **남편의 의지**

남편의 의지가 약하다고 마누라가 바가지를 긁었다.

"당신은 뭐예요? 옆집 아저씨 좀 보세요! 3개월째 담배를 끊고 있잖아요."

드디어 남편은 주먹을 불끈 쥐더니 말했다.

"그래, 오늘부터 나의 의지를 보여주는 뜻에서 금욕생활을 시작할 거야."

남편이 잠자리를 하지 않은 지 1주일이 지나자 부인이 남편에게 속삭였다.

"여보……. 옆집 아저씨가 다시 담배를 피우기 시작했대요."

● **정조대**

옛날 유럽에서 십자군전쟁에 나가게 된 한 기사가 친한 친구를 불러 열쇠를 내밀며 말했다.

"내 아내의 정조대 열쇠라네. 만약 내가 돌아오지 못하면 자네가 이 열쇠를 쓰게."

친구는 한사코 거절했다.

"미안하지만 나는 그럴 수 없네."

"아니, 왜 그러나? 내 아내가 싫은가?"

친구는 기사의 어깨를 잡으며 말했다.

"내가 벌써 그 열쇠를 써봤는데 잘 안 맞더군. 맞는 열쇠를 주게."

● **야근수당**

바람둥이로 소문난 사장이 새 비서를 뽑으려고 면접시험을 봤다.

사장은 무조건 예쁜 여자를 비서로 뽑았다.

비서로 뽑힌 그 예쁜 아가씨는 사장을 위해 열심히 일하다 어느 날부터인가 사장의 유혹에 빠져 밤을 보내게 되었다.

어느새 월급날이 되었는데 월급 명세표를 받은 비서는 화가 나 사장에게 따졌다.

"이게 뭐예요? '야간근무 수당'이 빠졌잖아요!"

● 비위생

"사람들이 무척 좋아하지만 균이 득실거리는 것이 두 가지가 있어.

그게 뭔지 아나?"

"몰라, 뭔데?"

"키스와 돈."

● 너도 마찬가지

한 부부가 호숫가 휴양지로 휴가를 갔다.

낚시광인 남편이 배를 타고 새벽 낚시를 나갔다가 들어와서 낮잠을

자는 동안 부인이 보트를 타고 호수로 나가 책을 읽고 있었다.

경찰보트가 순찰을 하다 부인이 탄 보트로 다가와 검문을 했다.

"부인, 여기서 무엇을 하고 계십니까?"

"책을 읽고 있는데요. 뭐 잘못된 것이라도 있습니까?"

"이 지역은 '낚시 금지구역'이라 벌금을 내셔야 됩니다."

"아니, 여보세요. 낚시를 하지도 않는데 왜 벌금을 내야죠?"

"낚시를 하고 있지 않더라도 배에 낚시 도구를 갖추고 금지구역 내

에 있는 것은 벌금 사유에 해당됩니다."

"그래요? 그럼 난 당신을 강간죄로 고발하겠어요."

"아니, 부인. 저는 부인에게 손도 댄 적이 없는데 강간이라니요?"

"당신도 지금 필요한 '물건'을 가지고 가까이에 있잖아요?"

● **나이에 따른 사랑의 불**

10대(성냥불) – 불티가 어디로 튈지 모름.

20대(가스 라이터불) – 누르는 대로 불꽃이 나옴.

30대(장작불) – 최강의 화력을 자랑함.

40대(연탄불) – 서서히 달구어지지만 소리 없이 강한 화력을 보유함.

50대(휴대용 가스불) – 무분별하게 사용하면 쉽게 가스가 소멸됨.

60대(모닥불) – 얼핏 꺼진 것 같지만, 재 속을 뒤적거리다 보면 불씨
가 아직도 남아 있음.

70대(정월 대보름날의 쥐불) – 일 년에 한번 정렬적인 세레모니를
펼침.

80대(올림픽 성화불) – 4년에 한 번 화려한 세레모니를 펼침.

90대(도깨비불) – 있다는 학설은 있으나, 아직 정확히 확인된 바는
없음.

● **불리한 조건**

초등학교에 다니는 남자아이가 성폭행을 했다고 해서 재판정에 섰
다. 엄마가 아들의 바지를 벗기고 고추를 만지작거리며 말했다.
"재판장님! 이렇게 작은 걸로 어찌 그런 짓을 할 수가 있겠습니까?"
순간, 아들이 엄마에게 속삭였다.
"엄마! 자꾸 만지지마. 그럼 우리가 불리해지잖아!"

● 웃을 일 아니야

어느 성당에 신부님이 계셨다. 그런데 사람들이 신부님에게 와서 고백하는 내용이 언제나 똑같았다.

"신부님, 오늘 누구와 간통을 했습니다."

"신부님, 오늘 누구와 불륜을 저질렀습니다."

신부님은 매일같이 그런 고백성사를 듣는 것이 지겨워졌다. 그래서 하루는 미사시간에 사람들에게 이렇게 제안했다.

이제는 고백성사를 할 때

"신부님, 오늘 누구와 불륜을 저질렀습니다."라고 하지 말고

"신부님, 오늘 누구와 넘어졌습니다."로 대신하기로.

세월이 흘러 그 신부님은 다른 성당으로 가시고 새로운 신부님이 오셨다. 그런데 새로운 신부님이 고백성사를 들어보니 다들 넘어졌다는 소리뿐이었다. 그래서 신부님은 시장을 찾아가

"시장님, 시 전체의 도로공사를 다시 해야 할 것 같습니다. 도로에서 넘어지는 사람들이 너무 많습니다."라고 말했다.

시장은 그것이 무엇을 뜻하는지 알았기에 껄껄 웃었다.

그러자 신부님이 말하길.

"시장님 웃을 일이 아닙니다. 시장님 부인도 어제 세 번이나 넘어졌습니다."

● **안양교도소**

한 여성단체에서 '미스터 모범남성'을 선정하기로 했다.

수만 통의 추천서가 접수됐는데, 그중 정말 눈에 '확' 들어오는 편지
한 장이 있었다.

그것은 자신이 스스로를 추천한 것이었는데 편지의 내용은 다음과
같았다.

"저는 술이나 담배를 전혀 하지 않으며 섹스도 안합니다. 여성을 구
타하는 법이 없으며, 일요일에는 하루도 빠짐없이 예배를 봅니다.
이런 생활을 벌써 7년째 계속해오고 있습니다."

편지의 내용이 사실이라면 그 남자야말로 가장 유력한 후보자라고
결론을 내린 여성단체는 확인을 위해 쓰여진 연락처로 전화를 걸었
다. 잠시 후 전화에서 이런 소리가 들려왔다.

"네~ 안양교도소입니다."

● **남자 골퍼가 벙커를 싫어하는 5가지 이유 - Golf Digest**

1. Too Large (너무 크다)

2. No Grass (잔디도 없다)

3. No Water (물기도 없다)

4. No Touch (만져도 안 된다)

5. Too Generous (아무나 좋아한다)

- **여자 골퍼가 홀컵을 싫어하는 5가지 이유 - Chois**

  1. 움직이지 못한다.

  2. 너무 짧다. 넣었다 하면 바로 뺀다.

  3. 보통 7분 안에 4명을 상대해야 한다.

  4. 어쩌다가 핥아주고 지나가면서 매우 기분 나빠 한다.

  5. 넣지도 않고 'OK' 받고 가는 놈도 있다.

- **경상도에서는**

  어느 경상도학생이 서울의 대학에 합격해서 동아리에 들게 되었다.

  거기서 알게 된 서울친구가 경상도출신에게 물었다.

  "경상도에서는 정말로 '사랑한다'를 '내 아를 나도'라고 표현하나?"

  경상도출신은 황당하다는 표정으로 말했다.

  "실제로는 안 그란다."

  서울친구가 궁금하다는 표정으로 물었다.

  "그럼 뭐라고 사랑고백하는데?"

  경상도친구는 천천히 대답했다.

  "함 도."

● 이유 있다

민수 : 엄마, '쉬' 마려.

엄마 : 그래, 엄마하고 화장실에 가자.

민수 : 싫어, 할머니하고 갈래.

엄마 : 왜?

민수 : 엄마는 재미없어.

엄마 : 그럼 할머니는 왜 재미있니?

민수 : 할머니는 손이 떨리잖아.

● 신혼부부의 저녁

병철이와 수희는 결혼한 지 1주일 된 신혼부부다.

신혼여행 후 회사에서 헐레벌떡 집으로 돌아온 병철이를 보고 정희
가 반갑게 맞으며 말했다.

"자기야, 저녁 먹어!"

병철이는 식탁을 보지도 않은 채 정희를 번쩍 들더니

"아니야, 나는 너만 있으면 돼."

다음 날도 그랬고, 그 다음 날도 또 그랬다. 하루는 병철이가 집에
오니 정희가 욕조에 들어가 있었다. 병철이가 말했다.

"자기, 지금 뭐하고 있는 거야? 나 배고파! 밥 줘!"

정희가 대답했다.

"조금만 기다려요. 제가 지금 탕 속에서 저녁 데우고 있어요."

- **에게?**

신랑이 아널드 슈워제네거 같은 근육질의 몸매를 자랑스럽게 내보이며 말했다.

"자기, 이리 와 봐. 지금 난 몸이 몹시 뜨겁다고."

신랑의 멋진 몸매를 본 신부는 기대에 부풀었다.

"나도 미칠 것 같아."

신랑이 말했다.

"나는 지금 심지에 불만 붙이면 그냥 폭발하는 다이너마이트야."

"어머, 정말?"

기대에 들뜬 신부가 재촉하자 신랑은 마지막 남은 옷을 벗었다.

신랑의 '그것'을 본 신부가 말했다.

"뭐야! 심지가 너무 짧잖아."

- **나라별 남자 성기의 표현**

2010년 Miss Universe contest에서 사회자가 각국 출연자에게 질문한 것을 그대로 옮깁니다.

미스 영국,

당신 나라에서 남성 성기를 어떻게 표현합니까?

영국에서는 신사라 합니다.

왜 그렇죠?

왜냐하면 여자를 볼 때마다 일어서기 때문이죠.

미스 스페인,

당신 나라에서 남성 성기를 어떻게 표현합니까?

스페인에서는 황소 혹은 투우라 합니다.

왜 그렇죠?

구멍만 보면 돌진하기 때문이죠.

미스 불란서,

당신 나라에서 남성 성기를 어떻게 표현합니까?

불란서에서는 만담 혹은 소문이라 합니다.

왜 그렇죠?

입에서 입으로 옮겨 가기 때문이죠.

미스 이란,

당신 나라에서 남성 성기를 어떻게 표현합니까?

이란에서는 도둑놈 같다고 합니다.

왜 그렇죠?

뒷문으로 들어오길 좋아하기 때문이죠.

미스 인도,

당신 나라에서 남성 성기를 어떻게 표현합니까?

인도에서는 노동자와 같다고 합니다.

왜죠?

밤낮없이 일하기 때문이죠.

미스 말레이시아,

당신 나라에서 남성 성기를 어떻게 표현합니까?

Proton 차 같다고 말할 수 있죠.(Proton : 말레이시아 국산차. 겉은 번뜻

하나 부딪치면 약해서 금방 쭈그러든다.)

왜요?

보기에는 강하게 보이는데 실제로는 약하거든요.

미스 싱가폴,

당신 나라에서 남성 성기를 어떻게 표현합니까?

키아수라 합니다.

왜요?

항상 급히 들어 왔다가 쇼가 끝나기 15분 전에 떠나니까요.

미스 중국,

당신 나라에서 남성 성기를 어떻게 표현합니까?

등소평이라 부릅니다.

왜요?

키가 작고, 열심히 일하고 90세 까지 일하니까요.

미스 대만,

당신 나라에서 남성 성기를 어떻게 표현합니까?

첸 수이 비안陳水扁 같다고 합니다.

왜요?

할 줄도 모르면서 항상 끈질기고 수치도 모르고 제일인양 의기양양

하죠.

미스 이탈리아,

당신 나라에서 남성 성기를 어떻게 표현합니까?

오페라 커튼 같다고 합니다.

왜요?

왜냐하면 오페라가 끝나자마자 내려가기 때문이지요.

미스 베트남,

당신 나라에서 남성 성기를 어떻게 표현합니까?

마치 베트콩 같다고 표현합니다.

왜요?

아무 구분도 없이 앞뒤를 다 공격하기 때문이지요.

미스 코리아,

당신 나라에서 남성 성기를 어떻게 표현합니까?

동방 예의지인이라 합니다.

왜요?

그냥 여기저기 다니면서 인사만 하기 때문이지요.

● **한국 처녀와 미국 총각**

한국 처녀와 미국 총각이 갑자기 결혼하게 되었지. 첫날밤의 황홀
감을 처음 맛본 처녀가 한 번 더 하고 싶었던 거야.

"한 번 더 해줘!"

하고 말을 하니 미국 총각은 무슨 말인지 몰라 어리벙하게 있었어.
그렇다고 처녀는 미국 말을 할 줄 몰랐네. 생각 끝에 처녀는 다리를
쫘악 벌리고 자기 사타구니를 손바닥으로 탁 탁 치면서 말했어.

.

.

"앵콜! 앵콜!"

● 눈에 별이 보인 이유

"눈에서 별이 보이고, 얼굴이 화끈하더라고요."

눈이 찢어지고 얼굴에 손톱자국이 심하게 난 남자가 병원을 찾았다.

그의 얼굴 상태를 살피고 난 의사가

"상태가 아주 심한데 어쩌다가 이 지경이 되셨습니까?"

그러자 그는

"이게 다 어제 과음한 탓이지 뭡니까?"

의사가 되물었다.

"아니, 술을 많이 마셨다고 누가 이 지경으로 만든단 말입니까?"

"누구긴요. 마누라가 그랬지요."

"마누라라니요?"

"어제 밤 침대 위에서 '자기, 오늘따라 테크닉이 이게 뭐야, 형편없구먼. 꼭, 우리 집 마누라처럼 말이야.'라고 말하자마자 눈에서 별이 보이고, 얼굴이 화끈하더라고요."

● **오해**

새벽 1시, 그 깊은 어둠 속에 남편의 핸드폰이 울렸다.

"따다따 따다따~~따다따따 따다따~~~~."

자다 벌떡 일어나 전화를 받는 남편, 가만히 상대의 목소리를 듣고만 있더니 알았다고 끊고는 옷을 주섬주섬 챙겨입는다. 그리고 자는 나를 한 번 더 확인하더니, 살금살금 나갔다.

헉!! 설마 설마 했더니, 내가 그렇게 믿어왔던 내 남편이 이 밤중에 다른 사람 전화를 받고 나갔다……. 오 마이 갓…….

사태를 어떻게 해결해야 할 것인가, 순간적으로 머리 뽀개지게 고민했다. 배신을 때린 바람난 저 인간을 어떻게 해야 하나…….

초당 100바퀴로 머리를 굴리다 벌떡 일어나 문 앞에 가서 있었다.

잠시 후 남편이 들어오는 소리가 들렸다. 야구방망이 하나를 챙겨 들었다. 문을 여는 순간,

"으악."

하고 비명 지르며 뒤로 나자빠지는 남편. 아니 그 인간.

"누구얏!"

"옆…… 옆집…… 새댁……."

뭐? 옆집 새댁????

"왜 전화 한거얏! 이 밤중에 남의 남자한테! 왜! 왜!?"

남편은 이미 전의를 상실한 듯 잠잠했다. 그러면서 던지는 말.

"차 빼달래……."

● **수영장에서**

"야, 너 오래간만이다. 어디 갔다 오니?"

"응, 수영장에."

"그래 재미 좋았어?"

"재미 끝내줬지. 아가씨가 멋진 포즈로 다이빙을 한 뒤, 물속에서 나오는데 글쎄 수영복이 홀라당 벗겨졌지 뭐야! 죽이더라구!"

"아하, 그 아가씨 얼굴이 빨개졌겠네?"

"이런 바보 같으니라구! 그럴 때 아가씨 얼굴이나 쳐다보는 멍청이가 어딨니?"

● **기말고사**

기말고사 문제는 '우정이 돈독하여 매우 친한 친구 사이를 사자성어로 뭐라고 하는가' 라는 문제였다.

아이들은 '막역지우', '관포지교', '죽마고우' 등등의 답을 적었다고 말했다.

그날 저녁 선생님이 시험지를 채점하다가 영철이의 답안지를 보고 큰 소리로 웃고 말았다.

'불알친구'

● 복수

매력적인 여성이 술집에서 혼자 깡소주를 마시기에 다가가 물었다.

"실례합니다만, 제가 칵테일 한 잔 사드려도 되겠습니까?"

여자가 소리를 꽥 질렀다.

"여관에 가자고요?"

"아, 아니요. 그냥 술 한 잔 사드릴까 물었는데요."

"그러니까 여관에 같이 가자는 말이죠?"

여자가 더 큰소리로 외치자 주위 사람들 모두 나를 쏘아보았다.

당황한 난 허둥지둥 내 자리로 돌아왔다.

잠시 후 여자가 나에게 다가와 말했다.

"아까는 죄송했어요. 실은 제가 심리학을 전공하는데, 예기치 않은 상황에 처했을 때 인간이 어떻게 행동하는가를 연구 중이거든요."

그러자 나는 기회다 생각하고 여자를 향해 소리를 버럭 질렀다.

"뭐라고? 50만원씩이나 달라고? 성매매금지법 생긴 것도 몰라요?"

그러자 모든 손님들이 그 여자를 쏘아 보았고, 홍당무가 된 그녀는 36계를 놓았다.

● **성인 사자성어**

그녀와 난 약속이나 한 듯 여관 앞에 멈춰 섰어. 이심전심

여관 앞 글귀도 계절에 따라 이렇게 바뀌어있더군. 냉방완비

그녀는 잠시 머뭇거렸지만 이내 순순히 날 따라 들어왔어. 여필종부

난 방값을 지불하고 칫솔 두 개와 키를 받았지. 공식절차

그때 날 보던 주인할머니. 고개 내밀고 반갑게 인사 하는 거 있지?

과잉친절

난 잠시 당황했지만 이내 "절 아세요?" 라고 반문을 했지. 표리부동

그랬더니 한술더 떠 "알다마다! 단골을 왜 몰러?" 이러는 거야. 점입가경

허나 난 여유 있게 "할머니, 요즘 과로하시나 보군요." 라구 말했어.

우문현답

그제서야 할머니는 그녀와 날 번갈아 보더니 고개를 갸우뚱 거리더군.

긴가민가

더 이상 무슨 말 나오기 전에 난 잽싸게 계단을 올라갔어. 긴급대피

암튼 위기는 넘겼지만 그녀의 눈초리가 좀 걸리긴 하더라구. 껄쩍지근

하지만 예상외로 그녀는 내게 이렇게 말했어 "걱정마. 다 이해하니까."

공소기각

알고 보니 그녀 역시 프로였던거야. 난형난제

여관 복도는 오늘도 온갖 비명과 신음소리로 가득하더군. 아비규환

암튼 난 방에 들어가자마자 옛날 사건 때문에 문부터 굳게 잠궜어.

재발방지

그리곤 곧바로 그녀에게 달려들었지. 단도직입

우린 서로의 옷을 벗겨주기 시작했어. 상호개방

그녀의 몸은 1편의 그녀와는 정말 달랐어. 천지차이

정말이지 들어갈 데 들어가고 나올 데 나온 그 완벽함. 음양조화

산등성이 사이로 이어지는 깊은 골짜기. 심산유곡

그 안에 초연히 자리 잡고 있는 숲 속의 빈터. 무릉도원

난 하느님께 감사했어. 이렇게 훌륭한 일용할 양식을 주옵시고. 주기도문

그넘(?)도 급했는지 어느 새 고개를 쳐들고 있더군. 할래벌떡

하지만 난 본론에 앞서 차분히 식전행사를 거행했어. 국민의례

절대 서두르지 않고 그녀의 곳곳을 적절히 터치 해준거야. 적재적소

그녀 역시 부끄러워하지 않고 비무장지대까지 개방해 주더군. 불치하문

내 화려한 필살기법에 그녀는 거의 숨이 넘어가기 시작했어. 껄떡껄떡

그녀의 소리에 옆방에서도 같은 소리로 화답해오는거 있지? 이구동성

졸지에 난 옆방 게임까지 동시에 즐기게 됐어. 이원방송

암튼 난 더 이상 못 참고 그넘(?)을 그녀의 에덴동산 앞에 들이댔어.

정상회담

에덴동산은 벌써 받아들일 준비가 다 돼 있더군. 수해지역

자~ 이제 드디어 도장만 찍으면 되는 거야. 화룡점정

난 심호흡을 내쉬며 그넘을……. 했어. 편집시작

글구 그녀 삐리리를 올려 삐리리한 다음 삐리리를 뒤틀어 삐리리했어.

모자이크

그녀는 "짜뀌야 너머너머 쩌운꺼 까퇴." 하며 소릴 지르더군. 음성변조

난 최선을 다해 구석구석까지 누비며 활약했어. 종횡무진

내가 봐도 확실히 옛날보단 테크닉이 업그레이드 된 거 같더군.

일취월장

암튼 우린 엄청난 전율, 절규와 함께 절정에 도달했어. 대미장식

이부자리가 아예 흥건하게 젖어버렸더군. 순국선열

잠시 쉬려는데 이게 웬걸? 옆방은 아직도 소리가 들려오는거야.

색정남녀

아마도 그동안 밀린 걸 다 채우는 모양이야. 더블헤더

끊임없이 들려오는 옆방 신음소리에 난 슬슬 이게 생기더라구.

열등의식

그녀 역시 옆방 분위기를 등에 업고 내게 뭔가를 갈구하는 빛이었어.

어부지리

하지만 내 그것은 전혀 움직일 기미가 보이지 않았어. 요지부동

난 그녀를 위해 더 이상 해줄 게 아무것도 없었던 거야. 수수방관

그녀는 내게 놀면 뭐하냐고 나가자고 하더군. 언중유골

결국 난 고개를 숙인 채 그 방을 나올 수밖에 없었어. 임의방출

옆방 놈넘들의 만족한 웃음소리가 복도까지 들려오더군. 희희락락

그래 배울 건 배워야 돼. 나두 훗날 저런 훌륭한 사람이 꼭 돼야지.

타산지석

근데말야 복도를 지나는데 옆방 문이 조금 열려져 있는 게 아니겠어?

천재일우

도대체 어떤 놈넘들인지 궁금해서 난 살며시 열고 들여다봤어.

견물생심

근데 하필 누워있는 여자와 눈이 딱 마주치고 말았던 거야. 극적대면

그 순간 그 여자……. 갑자기 소스라치며 "어머 여보?" 이러는 거 있지?

청천벽력

자세히 보니 그 여자는 바로 내 마누라였어. 패가망신

결국 우리 가정은 이렇게 돼버렸어. 이산가족

이제와 생각하면 다 내 탓이라고 생각해. 자승자박

옆에 있을 때 열심히 찍어줄껄. 일수도장

● **남편의 7쇠**

  • 아내에게는 무조건 복종하는 마음 착한 돌쇠.

  • 일하고 돈 벌 때는 개미처럼 부지런한 마당쇠.

  • 아내의 단점, 잘못은 절대 말하지 않는 철통 같은 자물쇠.

  • 모진 풍파에도 끄떡없이 가정을 지키는 강인한 무쇠.

  • 아내와 대화 할때는 부드럽고 감미로운 수액의 고로쇠.

  • 친구들과 밖에서 어울릴 때는 돈 안 쓰는 구두쇠.

  • 밤에는 변강쇠.

● **신혼이란?**

신 : 신랑은 신나는 날이고,

혼 : 신부는 혼나는 날이다.

● **바람피울 확률**

- 회식이랬는데, 술 냄새 거의 안 풍기면서 새벽 2~3시쯤 들어온 경우. : 안마 사우나에서 여자와 1차 한 확률 75%.

- 새벽에 오고 카드 전표에 정확히 17만 원 안팎 또는 34만 원 안팎이 찍힌 경우. : 안마사우나에서 여자와 2차 한 확률 80%.

- 요새 들어 부쩍 주말 출근이 잦고, 주말에 귀가 시간이 불규칙한 경우. : 새 여자가 생겼을 확률 70%.

- 전화번호에 비밀번호를 장착했을 경우나 전화신호 오는데 자주 안 받는 경우. : 새 여자가 생겼을 확률 90%.

- 평소 정리와 청소도 안 하던 양반이 차를 말끔히 청소하고 할 때. : 새 여자가 생겼을 확률 65%.

- 괜히 다정하게 굴며 안아 준다면. : 여자가 생겼지만, '엔조이'일 확률 75%.

- 놀이동산이나 야외 갔을 때 평소와 달리 화장실을 자주 가는 경우. : 숨겨놓은 여자의 문자를 받아서, 답해 주러가는 확률 65%.

- 안 쓰던 요즘 유행어를 쓴다든지, 어투가 많이 젊어진 느낌을 받을 때. : 회사에 젊은 아가씨와 사귀는 확률 75%.

- 괜히 옷에 대해 물어본다든지, 거울 앞에 있는 시간이 길어질 때. : 새 여자 생겼을 확률 65%.

- 밤중에 전화가 와서 끊기거나, 전화가 와도 남편이 안 받는 경우. : 새 여자 생겼을 확률 75%.

- 술 마시고 바로 들어온다는 전화 후, 연락 불가. 2~3시간 더 있다
  올 때. : 룸살롱 등 2차를 갔다 온 확률 85%.
- 바람피우다 걸려서 집에서 쫓아냈는데, 군소리 없이 사라진 경우.
  : 그 여자랑 같이 살고 있을 확률 95%.
- 질병 기타 이유 없이 잠자리 횟수가 부쩍 줄어든 경우, 기피하는
  경우. : 업소여자랑 2차 또는 새여자 생긴 확률 90%.
- 체위가 달라진 경우, 애무하는 부위가 달라진 경우.
  : 여자 생긴 확률 75% 또는 포르노 심취했을 확률 35%.

● 철두철미

아가씨가 수영장에서 옷을 갈아입으려고 수영복을 막 가방에서 꺼
내려는데 갑자기 문이 벌컥 열리면서 빗자루를 든 관리인 할아버지
가 들어 왔다.

"어머나! 노크도 없이 들어오면 어떡해요?"

아가씨는 기가 막혀서 할아버지에게 큰 소리로 말했다.

"옷을 입고 있었으니 망정이지 안 그랬다면 어쩔 뻔했어요?"

그러자, 할아버지는 빙긋이 웃으면서

"난, 그런 실수는 절대로 안 해요! 들어오기 전에 꼭 열쇠 구멍으로
들여다보고 확인을 하니까!"

● **영리한 개**

평소에 바람기가 많은 아내를 두고 해외 출장을 가야 하는 남편.

궁리 끝에 기르는 개를 훈련시켜 부탁을 하기로 했다.

"내가 출장 가서 전화를 할 테니 예는 멍! 아니요는 멍멍!! 하거라."

개운하지 못한 마음으로 출장지에 도착해서 집에 전화를 걸었는데

강아지가 받기에.

"아줌마 집에 있냐?"

"멍!"

"혼자 있냐?"

"멍멍!"

"남자랑 같이 있냐?"

"멍!"

"그럼 지금 뭐하고 있냐?"

"헥헥헥헥!"

● **바나나**

독신녀 아파트에 사는 영희가 과일가게에 갔다. 바나나를 뚫어져라
바라보던 영희는 조용히 바나나 두 개를 집어 들었다. 하나씩만 사
가던 영희가 두 개나 집어 들기에 주인이 의아해하며 물었다.

"아니! 오늘은 왜 두 개나 사가?"

영희가 화들짝 놀라며 하는 말

"어머 아녜요! 하나는 먹을 거예요."

266

● **양심**

한 중년 부부가 밤늦도록 뜨겁게 사랑을 나누고 있는데 갑자기 번개가 쳤다.

순간 갑자기 방 안이 환해지면서 무엇인가를 본 아내가 깜짝 놀라 남편에게 물었다.

"그게 뭐에요?"

남편은 길쭉한 가지를 들고 서 있었다. 아내는 실망스러운 표정을 지으며 말했다.

"불능인 주제에 가지로 20년 동안 나를 속였군요! 너무해요."

그 말을 들은 남편이 오히려 더 화를 냈다.

"속인 것은 당신도 마찬가지잖아!"

아내는 어이없다는 표정으로 남편에게 물었다.

"도대체 내가 뭘 속였다는 거죠?"

남편은 손에 든 가지를 아내의 눈앞에 들이대며 말했다.

"당신은 내 아이를 5명이나 낳았잖아!"

8

건배사

건배(乾 마를건 杯 잔배)의 정의

① 잔 비우기.

② 축배. 서로 잔을 높이 들어 행운(幸運)을 빌고 마시는 일.

우리가 사회생활을 함에 있어서 각종 모임이나 회식자리에서 항상 빠지지 않는 것이 술이다. 그리고 술 문화와 술 인심이 후한 우리나라에서는 공식적인 연회장이나 여흥, 회식 자리에서 통상적으로 건배제의를 시작으로 술이 한 잔 들어가야 서먹한 분위기가 되살아나고 공식적인 연회가 시작될 정도로 관례화되어 있다. 따라서 화합을 리드하는 위치에 있는 인사라면 건배제의 요청을 받았을 때

당황하지 않도록 사전에 순서와 요령을 자기 것으로 익혀 놓으면
사회생활을 하는데 많은 도움이 될 것이다.

건배에 대한 에티켓

- 같은 병에 담긴 술을 같이 나누어 마심으로써 독이 없다는 것
  을 알리고자 한 데서 유래되었다.
- 건배는 상대방에 대한 충성심, 즉 믿음을 보여주는 제스처이다.
- 우리가 지금 사용하는 건배는 잔을 비운다는 중국의 풍습에서
  유래된 것, 그러나 건배 시 잔을 모두 비우는지 여부와 건배제
  의는 나라마다 상황마다 다르다.
- 비즈니스에서는 자리에 적절하면서도 재미가 있는 건배제의
  가 제창자의 인격과 지적 수준, 그 만찬의 성격과 수준을 단
  적으로 말해줄 뿐만 아니라 나머지 행사의 예고편을 보여주는
  척도가 되기도 한다.
- 건배는 아주 간단한 행사도 기억되는 행사로 만들 수 있는 위
  력을 가지고 있다. 따라서 건배의 중요성을 잘 알고 행사 속에
  제대로 포함시키는 것이 중요하다.
- 건배시 잔을 들 때는 팔을 쭉 뻗어 머리 위까지 올리지 말고
  자신의 눈높이 정도까지만 올린다.
- 너무 옮겨 다니지 말고, 있는 자리에서 참여자들과 눈을 부드
  럽게 맞추라.
- 당신을 위해 누군가 건배제의를 제창할 때, 같이 일어나지 말

고 앉아 있다가 그 말을 듣고 감사의 표시를 하는 게 더 중요
하다.

- "내가 건배제의를 하겠다."고 스스로 나서서는 많은 박수를 기
  대하기가 어렵다. 당신이 책임자라면 무리가 없겠으나, 가능하
  다면 누군가에게 건배순서를 갖자고 제의하여 요청하거나 요청
  을 받아 선창하는 모양이 좀 더 자연스러울 것이다.

- 건배제의는 특별한 경우가 아니면 일어서서 하자. 서서 이야
  기한다는 적극적인 이미지를 주며 청중으로 하여금 귀를 기
  울이게 하고 또한 좌중을 바라볼 수 있다. 그 자리에 있는 사
  람들의 반응을 파악하고 설득력 또한 훨씬 커진다. 특히 남들
  앞에서 이야기하는 데 자신이 없는 사람은 반드시 일어서서
  한다. 서는 것만으로도 적극적이라는 인상을 줄 수가 있다.

- 술을 안 마신다는 이유로 건배조차 참가하지 않는 경우도 종
  종 있다. 건배는 반드시 삼페인, 와인만으로 건배하는 것이 아
  니므로 옆에 있는 빈 잔, 물잔, 탄산음료 잔이라도 들어서 상
  대방에 대한 예의를 표하라. 빈 잔이라도 들어라.

- 자신들만의 공간이 아닌 대중 레스토랑, 특히 고급 레스토랑
  에서 건배를 해야 하는 상황에선 다른 손님들을 염두에 두어
  야 한다.

- 청중을 집중시키기 위해 소리를 내거나 요란하게 잔을 부딪치
  는 것 역시 예의에 어긋난다.

1. 건배제의의 기본 순서를 점검하자.

2. 잔을 채우게 한다.

3. 건배제의 기회를 갖게 해준 사람에게 감사의 인사말을 건넨다.

4. 당일 모임 취지와 관련한 멘트를 한다.

5. 건배구호를 선창한다.

6. 마신 다음 박수를 유도한다.

● **분위기 띄울 때**

• 지화자

지금부터 화끈한 자리를 위하여.

• 단무지

단순 무식하게 지금부터 즐기자.

• 니나노

니랑 나랑 노래하고 춤추자.

• 거시기

거절하지 말고, 시키는 대로, 기쁘게.

● **남녀 동반모임**

· 변사또

변치 말고 사랑하자, 또 사랑하자.

· 원더걸스

원하는 만큼 더도 말고 걸러서 스스로 마시자.

· 당나귀

당신과 나의 귀한 만남을 위하여.

· 남존여비 / 여필종부

남자의 존재 의미는 여자의 비위를 맞추는 것이며,

여자는 필히 종부세를 내는 남자와 결혼해라.

· 우아미

우아하고 아름다운 미래를 위하여.

· 우거지

우아하고 거룩하고 지성있게.

· 여보 / 당신

여유롭게 살면서, 보람차고, 당당하고, 신나게 놀자.

· 해당화

해가 갈수록 당당하고 화려하게.

● **골프 · 등산모임**

- 골프는 굿샷, 술잔은 원샷.

- 드라이버는 – 멀리,

  퍼터는 – 정확하게,

  아이언은 – 부드럽게,

  기록은 – 후하게.

- 올보기

  올해에도 보람있고 기분 좋게 지냅시다.

- 올파

  올해에도 파이팅 합시다.

- 올파파

  올해에도 파이팅하고 파이팅 합시다.

- 올버디

  올해에는 마음속에 욕심을 버리고 비워서 디~이기 오래 건강하게
  삽시다.

- 일파만파

  한 사람이 파이팅! 하면, 모든 사람이 파이팅! 한다.

- O~B

  Oh! Beautiful.

- 원샷

  원하는 방향과 거리만큼 샷은 정확하게.

• 산은 – 정상까지. (잔을 높게 들면서)

하산은 – 안전하게. (잔을 내리면서)

등산은 – 수준대로. (잔을 모으면서)

● **술자리 끝낼 때**

• 초가집

초지일관 가자 집으로, 2차는 없다.

• 119를 위하여

한 가지 술을, 1차에 밤 9시까지만 먹기.

• 222를 위하여

2가지 술을 섞지 않고 2잔 이상 권하지 않고 2차는 절대 없음.

• 892를 위하여

8시에서 9시까지 끝내고 2차 없음.

• 마돈나

마시고 돈 내고 나가자. (마지막 술잔 비울 때)

● **직원회식 때**

- 개나리

  계급장 떼고 나이는 잊고 릴렉스하게.

- 주전자

  주인답게 전문성을 갖추고 자신감을 가지고 살자.

- 환영회

  환상적이고 영양가 있는 즐거운 회식자리로.

● **대학교 건배사**

- 서울대 – 위해서!

- 고려대 – 위하고!

- 연세대 – 위하세!

- 이대 – 위하리! 위하여!

- 한체대 – 위하체!

● **건강 기원**

- 재건축

  재미나고 건강하게 축복받으며 삽시다.

● **성공 · 행복 기원**

• 오바마

　오래오래 바라는 대로 마음먹은 대로.

• 단무지

　단순하고 무식해도 무지 행복하게 살자.

• 세우자

　세상을 세우고, 우리 가정 · 경제를 세우고, 자기 거시기도 힘 있

　게 세우자.

• 당나발

　당신과 나의 발전을 위하여.

• 아우성

　아름다운 우리들의 성공을 위하여.

● **사랑 · 우정 기원**

• 사우나

　사랑과 우정을 나누자.

• 오징어

　오래도록 징그럽게 어울리자.

• 고감사

　고맙습니다, 감사합니다, 사랑합니다.

- **사이다**

  사랑합니다. 이 마음 다 바쳐.

- **사서함**

  사랑하고 서로 아끼고 함께하자.

- **고사리**

  고마워요, 사랑해요, 이해해요.

- **참고미사**

  참 잘했어요, 고마워요, 미안해요, 사랑해요.

- **마피아**

  마음도 나누고 피도 나누는 아름다운 우정.

- **모내기**

  모처럼 내 친구들과 기분 좋게.

- **변호사**

  변함없이 호형호제하는 사나이 우정.

- **우하하**

  우리는 하늘 아래 하나다.

- **너나잘해**

  너나 나나 잘나가는 해가 되자.

- **가갑승제**

  사랑은 더하고, 미움은 빼고, 기쁨은 곱하고, 슬픔은 나누고.

● 격조 높은 건배사

• 카르페 디엠 Carpe diem

'현재를 즐기자 Seize the day'는 뜻의 라틴어로 역경에 굴복하지 않고 긍정적으로 살자는 삶의 자세를 강조.

"카르페", "디엠!"

• 코이노니아 Koinonia

'가진 것을 서로에게 아낌없이 나눠주며 죽을 때까지 함께하는 관계'를 뜻하는 그리스어로 결코 떨어질 수 없는 돈독한 사이란 의미로 사용.

"코이노니아!", "코이노니아!"

• 메아 쿨파 Mea Culpa

'내 탓이오!'란 뜻의 라틴어로, 어떤 결과에 대해 남을 탓하기 전에 먼저 나를 돌아보자는 의미로 사용.

"메아 쿨파!", "메아 쿨파!"

• 스페로 스페라 Spero Spera

'숨을 쉬는 한 희망은 있다'라는 라틴어.

"스페로!", "스페라!"

• 하쿠나마타타 Hakuna Matata

'걱정마 다 잘 될 거야 (아프리카 원주민)'

"하쿠나마타타!", "하쿠나마타타!"

● **기타 건배사**

• **나이야 가라!**

'나이는 숫자에 불과하다'는 광고 카피처럼 나이가 주는 한계를 뛰어넘어 새로운 것에 끊임없이 도전하자는 의미로 사용할 수 있는 건배사.

"나이야!", "가라!"

• **마음 도둑**

'고객의 마음을 훔치자!'는 의미로 쓰며, 고객이 갈망하는 욕구를 찾는 것이 무엇보다 중요하다는 점을 강조할 때 유용한 건배사.

"마음을!", "훔치자!"

• **나 · 가 · 자**

'나라를 위하여, 가정을 위하여, 자신을 위하여'란 뜻으로 자신의 자리를 묵묵히 지키며 최선을 다해 사는 사람들의 중요성을 강조할 때 사용.

"나가자!", "나가자!"

혹은 '나가자 건!', '나가자 배!'는 '나라를 위해, 가정을 위해, 자신을 위해 건강하자!(배를 채우자!)'라는 취지다. 제창자가 '나가자 건!' 하고 운을 띄우면 '나가자 배!'하면 좋지 않을까.

"나가자 건!", "나가자 배!"

• 진 · 달 · 래

'진하고 달콤한 내일을 위하여'란 뜻으로 미래에 대한 꿈과 희망을 강조할 때 쓸 수 있는 건배사. ('진짜 달라면 줄래!'가 아니라고 얘기하면 더욱 재미있음)

"진하고 달콤한 내일을 위하여!", "진달래!"

• 무 · 화 · 과

현재의 삶이 고달프고 괴롭더라도 지난날의 전성기를 회상하며 기를 살리려는 건배사로 '무척이나 화려했던 과거를 위하여!'라는 뜻.

"무화과!", "무화과!"

• 너 · 나 · 행

연인이나 친한 사람들끼리 가볍게 한 잔 나눌 때 서로의 행복을 다짐하며 '너와 나의 행복을 위하여!'라는 뜻.

"너와 나의 행복을 위하여!", "너나행!"

• 우 · 행 · 시

우리들의 행복한 시간을 위하여.

"우행시!", "우행시!"

• 이 · 사 · 우

이상은 높게, 사랑은 넓게, 우정은 깊게.

"이사우!", "이사우!"

- **꿈은 높게! 사랑은 깊게! 술잔은 평등하게!**

  이것은 딱딱한 분위기를 풀기 위해 몸짓을 섞어가며 하는 구호이다. 건배 제의 하는 사람이 술잔을 머리 위 높이로 치켜들며 "꿈은 높게!"라고 외치면, 모두 따라 외치며 구호와 동작도 따라한다. 이어서 잔을 허리 아래로 내리면서 "사랑은 깊게!" 라고 선창과 몸동작을 하면, 후창하며 구호와 몸동작을 따라한다.

  마지막으로 잔을 눈높이로 다시 올려서 앞으로 내밀며 "술잔은 평등하게!"를 선창하면 모두 따라서 후창하며 구호와 몸동작을 따라한다.

- **당·신·멋·져**

  '당당하게 신나게 멋지게 져주며 살자!'라는 의미.

  "당신!", "멋져!"

- **삼·고·초·려**

  '쓰리고를 할 때는 초단을 조심하라'는 뜻의 재미있는 변종 사자성어로, 좋은 일이 많을수록 위기에 대비하자는 뜻.

  "삼고초려!", "삼고초려!"

- **일·십·백·천·만**

  나이 들어서 우리의 건강을 위해 하루에 한 가지 이상 선행을 하고, 10번 웃으며, 100자 이상 쓰고(워드 치고), 1000자 이상을 읽고(독서), 10000보 이상을 걷자!

  "일십백천만!", "일십백천만!"

- **마당발**

  마주 앉은 당신과 나의 발전을 위하여.

- **도미끝**

  도와주고 밀어주고 따지지 말자.

- **빠삐따**

  빠지지 말고 삐치지 말고 따지지 말자.

- **빠삐용**

  빠지지 말고 삐치지 말고 용서해 주자.

- **오뚜기**

  오래도록 뚜껑이 열리지 않도록 기억에 남는 우리가 되자.

- **쾌쾌쾌**

  유쾌, 상쾌, 통쾌.

- **찬찬찬**

  희망찬, 활기찬, 가득찬.

- **통통통**

  운수대통, 만사형통, 의사소통.

- **껄껄껄1**

  참을걸, 베풀걸, 즐길걸.

- **껄껄껄2**

  좀 더 사랑할걸, 좀 더 즐길걸, 좀 더 배울걸.

- **세세세**

  참으세, 베푸세, 즐기세.

- 끈끈끈

  업무 매끈, 술은 화끈, 우정은 뜨끈.

- 얼떨떨

  얼지 말고, 떨지 말고, 떳떳하게.

- 풀풀풀

  인생은 뷰티풀, 사업은 파워풀, 오늘은 원더풀.

- 소녀시대

  소중한 여러분들 시방 잔들을 대보자.

- 마스터

  마음껏 스스럼없이 터놓고 놀자.

- 위하여

  위기를 기회로 하면 된다 여러분 파이팅.

- 새신발

  새롭게 신나게 발랄하게 살자.

- 아사가오리

  아끼고 사랑하며 가슴에 오래 남는 리더가 되자.

- 남행열차

  남다른 행동과 열정을 가진 차세대 리더가 되자.

- 뚝배기

  뚝심 있게 배짱 있게 기분 좋게.

- 미인대칭 비비불

  미소 지으며 인사하고 대화하며 칭찬하자. 비난비평불평 하지 말자.

• 참이슬

참되고, 이롭고, 슬기롭게.

• 참소주

참되고, 소탕하고, 주인답게.

• 포도주

포기하지 말고, 도전하라! 주도면밀하게.

• 고구마

고소하고 구수하고 맛있게.

• 소세지

소심하지 말고 세심하게 지금처럼.

• 부자유친

부드럽고 자상하고 유연하고 친근하게.

• 신세계

신나게 새롭게 계획적으로.

• 소나기

소통, 나눔, 기쁨.

• 박카스

박력 있고, 카리스마 있고, 스피드하게.

• 소화제

소통과 화합이 제일이다.

• 화향백리, 주향천리, 인향만리

꽃의 향기는 백리가고 술의 향기는 천리 가며 사람의 향기는 만
리를 간다.

• 무한도전

무조건, 한도 없이 도와주자. 전화하면.

• 소나무

소중한 나눔의 무한한 행복을 위하여.

• 대나무

대화를 나누며 무한한 성공을 위하여.

• 개나발

개인과 나라의 발전을 위하여.

• 마무리

마음먹은 대로 무슨 일이든지 이룩하자.

• 마무리

마음먹은 대로 무엇이든 이루어지길.

• 이기자

이런 기회 자주 갖자.

• 여기저기

여기 계신 분들의 기쁨이 저의 기쁨입니다.

• 거인

거부할 수 없는 인연.

- 머시기

  멋있게 시원하게 기똥차게.

멋진 건배사는 술을 잘 마시자는 것뿐만 아니라 나와 너의 마음을

서로 잘 통하게 하고 앞으로 잘되자는 진심을 전하는 것이다.

유머 100배 활용법

자발적 참여 · 창의력 이끌어내야

"유머 있는 회원은 외모와 같은 다른 조건이 다소 부족해도 결혼에 이를 확률이 높아집니다."

결혼정보회사인 선우의 전** 커플매니저는 "말을 재미있게 하는 회원이 보통 언변 능력도 좋고 성격도 밝다."고 설명했다. 선우 강남 센터장을 맡고 있는 전 매니저는 "유머러스한 사람을 배우자로 선호하는 성향은 이전부터 있었지만 최근에는 이를 보다 적극적으로 표현하는 회원이 늘었다."고 덧붙였다. 여기에 그치지 않고 '유머는 이성에게 호감을 느끼는 중요한 요소'라는 설문조사가 나오기까지 했다. 결혼정보회사 듀오는 미혼남녀 875명을 대상으로 '첫 만남시 이성에게 호감을 느끼는 요인'을 물었다. 그 결과 1위 '솔직함'(21.5%), 2위 '유머러스함'(18.4%), 3위 '순수함'(17.5%)을 꼽았다. 특히 여성의 경우 22.9%가 '유머러스함'을 1위로 꼽아 유머가 '솔직함'(2위), '지적임'(3위), '순수함'(4위), '터프함'(8위)을 모두 제쳤다.

이렇듯 지금은 웃음을 활용하면 경력계발에도, 가정생활에도 큰 도움이 되는 시대다. 그렇다면 유머와 웃음을 어떻게 기업경영이나 개인생활에 접목시킬 수 있을까. 아울러 접목시킬 유머조차 갖추지 못한 사람은 유머감각을 도대체 어떻게 기를 수 있을까. 유머의 달인, 웃음전도사, 코미디계의 거장에게 구체적인 팁tip을 들어본다면 지름길을 보다 빨리 찾을 수 있을 것이다.

양** 소장은 "유머경영이란 직원들이 즐겁게 일할 수 있는 분위기를 만들어 직원의 사기를 높이고 자발적인 참여와 몰입, 창의력을 이끌어내는 방식."이라며 "결국에는 생산성과 향상에 기여하게 된다."고 설명했다.

대기업과 중소기업, 학원, 학교, 공공기관 등 거의 안 가는 곳 없이 전국구로 강의하는 '유머코칭전문가' 양**은 "최근 나에게 기업이 주문하는 내용 중 하나가 바로 '우리 직원들의 얼굴에 웃음을 만들어 달라', '직원들의 기를 살려 달라'는 것."이라며 "특히 최근 은행, 증권사 등 금융권에서 이러한 움직임이 두드러진다."고 말했다. 그는 지난해 말 우리은행과 미래에셋증권에서 '신나고 즐거운 하루'를 시작하기 위한 아침방송의 명사칼럼을 진행하기도 했다. 미래에셋증권의 경우 『펀리더 양성과정』을 실시, 분기별 교육을 진행했고 지난 6월 우리은행에서는 활기찬 지점문화를 만들기 위한 일환으로 1박2일간의 레크리에이션 교육을 진행했다. 양소장은 "금융업계간 영업 전쟁이 본격화된 이후 대고객서비스가 또다시 주요 이슈로 부각되면서 영업점의 분위기를 밝게 바꾸고 고객응대도 친절하게 하자는 취지에서 이러한 움직임들이 급물살을 타고있다."고 말했다.

그렇다면 양**은 기업, 금융기관에 가서 어떤 비법을 강의할까. 그는 "지속적으로 유머경영을 활용하고 뿌리내리기 위해서는 가장 먼저 바뀌어야 할 것이 있다."고 지적했다. 바로 'CEO의 표정'이다.

양**은 "유머경영 특강을 위해 기업체 강연을 가면 사장은 조용히 사라진다."며 "물론 바쁜 일정도 그 이유겠지만 본인이 함께하면 직원들이 불편해할 것이라는 생각에서다."고 밝혔다. 하지만 이런 CEO의 소극적인 자세는 '즐거운 일터 만들기'를 직원들의 몫으로 돌리고 만다. 그는 "유머경영 시스템 차원의 비전수립, 근무환경 개선, 효과적인 인센티브를 부여하는 펀fun기업 문화를 만드는 것은 물론 중요하다."며 "더 나아가 펀리더를 양성하고 유머교육과 함께 유머 평가시스템까지 있다면 더할 나위 없겠지만 일단 그 무엇보다도 CEO 등 상급 관리자부터 웃음을 보이며 유머마인드를 갖춰야 한다."고 주장했다.

또 다른 이** 강사는 웃음을 일상에서 활용하는 방법을 전했

다. 이강사는 "웃음 사진을 챙기면 스트레스는 절로 사라진다."고
했다. 회사의 컴퓨터 모니터 옆 등 잘 보이는 자리에 가족의 환하게
웃는 사진을 놓으라는 얘기. 이강사는 이어 "가족과 함께 찍은 사진
이 없다면 자신이 웃고 있는 사진도 좋다."며 "혹은 좋아하는 동물
사진이나 즐거웠던 한때를 보여주는 사진, 자신의 희망이나 미래를
보여주는 사진도 무방하다."고 덧붙였다. 어떤 사진이든지 쳐다봤
을 때 즐거움을 주는 사진이면 된다.

또 이 강사는 '웃음 10계명'을 소개했다. '크게 웃어라', '억지로
라도 웃어라', '일어나자마자 웃어라', '시간을 정해놓고 웃어라',
'마음까지 웃어라', '즐거운 생각을 하며 웃어라', '함께 웃어라', '힘
들 때 더 웃어라', '한 번 웃고 또 웃어라', '꿈을 이뤘을 때를 상상
하며 웃어라' 등이 바로 이들 10계명이다.

한편 김** 원장은 "글로벌 거대기업인 제너럴일렉트릭GE의 잭
웰치 전 회장도 '기업이 어려움에 처할수록 경영자에게 요구되는
것은 결단과 유머'라고 말할 정도."라며 유머 잘하는 방법을 일러
줬다.

그는 무엇보다 "상대의 연령, 상황, 관심사에 맞는 유머를 구사
해야 한다."며 "생활 속의 실수담 등 자기체험에서 나온 생활유머
가 부담스럽지 않다."고 했다. 김원장은 이어 "나만의 개인기를 준

비하거나 적극적이고 큰 제스처로도 강한 인상을 줄 수 있다."고
덧붙였다.

웃음 명강사들은 입을 모아 "유머와 웃음은 후천적인 것."이라고
강조했다. 노력으로 유머감각은 길러질 수 있고, 끊임없는 연습을
통해 보다 많이 웃을 수 있다는 것이다.

또 여성 유머강사 1호 박** 강사는 유머의 기본은 나부터 웃는
것이며 내가 즐겁고 신나야 다른 사람에게도 웃음을 줄 수 있다며
자신의 스트레스를 유머로 푸는 방법을 설명했다. 유머 책뿐 아니
라 주변의 모든 상황이 다 유머의 소재라고 말하는 그녀는 자연스
럽게 유머를 만들고 활용하는 방법을 강의하여 특히 남들이 꺼려하
는 대상, CEO나 공무원들에게 인기 최고의 강사이다.

웃음문화학회 부회장인 김웅래 인덕대 방송연예과 교수의 경우
본인의 수첩에서 한 장의 메모지를 꺼내 보여줬다. 메모지 양면에
는 조크와 콩트 등 각종 유머의 '제목'만 촘촘히 적혀 있었다. 코미
디 연기자를 양성하는 그는 신인개그맨에게 "유머 인터넷 사이트
등을 통해 매일 50개의 유머를 읽어야 한다."고 힘줘 말한다. 김교
수는 "50개 중 가장 재미있는 3개는 밑줄을 그어가며 읽고, 모인
일주일 분량을 다시 보고 그때도 재미있는 것을 추리면 된다."고 말
했다. 그는 이어 "간추린 유머에는 별표를 치고 외운 뒤 수첩이나

메모장에 제목만을 적어놓고 시시때때로 복습하라."며 "버스나 지하철 타는 시간도 활용하며 '제목만 보고 유머 떠올리기' 연습을 하는 게 중요하다."고 덧붙였다. 이렇게 거듭 연마하다 보면 그 어떤 상황이 닥쳐도 당황하지 않고 마치 '그 자리에서 생각난 것처럼' 자연스럽게 유머를 구사할 수 있다는 것. 한 사람이 일흔 살까지 산다고 가정할 때 평생 웃는 시간을 다 합치면 고작 80일이라는 통계자료가 있다. 잠자는 데 보내는 23년, 일하면서 쓰는 26년에 비해서 턱없이 부족한 웃는 시간. 명강사의 팁과 함께 더 활짝 웃어보고, 보다 자주 웃겨보면 어떨까.

건강해지는 비결 23가지

1. 즐겁게 노래를 불러라!

우울하고 기분이 처져 있을 때도 신나는 노래를 여러 번 되풀이 마음으로 부르게 되면 상쾌한 기분이 되고 생활의 활기를 찾을 수 있게 된다. 마음이 즐거워지면 삶의 의욕이 되살아나고 행복감이 들기도 한다.

2. 입과 콧구멍을 벌려 크게 호흡하라!

신선하고 맑은 공기를 심호흡하는 습관을 갖는 것이 필요하다.

유명한 정신과 의사인 알렉산드로렌박사 말에 의하면 정신 질환자 거의가 가슴호흡만 하고 심호흡을 하지 않았다고 한다.

폐세포는 폐록시즘이란 해독기관이 잘 발달되어 있어서 각종 유해물질을 잘 처리하므로 심호흡을 하면 각종 유해 물질이 배출되어 건강에 도움이 될 뿐 아니라 머리가 맑아지고 기억력이 호전되어 학생들은 공부에 집중하게 되고 노인들은 치매를 예방할 수 있다.

3. 혀를 입안에서 이리저리 굴려라!

혀로 입천장, 좌우, 입 밖으로 뺏다 넣었다, 빙빙 돌리는 등 혀 운동을 한다. 침은 우리 몸에 필요한 요소이며 비타민이라 하여 옥수라고고 한다. 평소에 이로 혀를 꾹꾹 눌러주는 것도 좋다.

4. 머리를 두드려라!

손가락 끝으로 약간 아프다 싶을 정도로 머리 여기저기를 두드려라. 일단은 두피가 자극되어 머리도 상쾌해지고 맑아지며 기억력이 호전되어 학업성적이 좋아지며 탈모가 지연되며 머리카락에 산소와 영양분이 공급되므로 좋은 효과를 볼 수 있다.

5. 눈동자를 상하좌우로 자주 움직여라!

눈알을 좌우로 15번, 상하로 15번, 대각선으로 10번, 시계방향으로 회전하여 10번, 시계 반대방향으로 10번, 손을 비벼서 눈동자를 지그시 누르기를 20번쯤 하면 시력이 좋아지고 눈이 맑아진다.

요즈음 컴퓨터로 인해 눈을 혹사하여 많이 피곤한데 자주 창문을 열고 멀리 쳐다보거나 눈을 감고 잠시 혹사당한 눈을 쉬게 하는 것도 중요하다.

6. 등과 어깨를 마사지 하라!

등과 어깨는 스스로 하기 어려우니 가족이 서로 해주는 것이 좋습니다. 머리 뒤쪽과 어깨는 손으로 지그시 누르고 엄지와 다른 손가락으로 움켜잡으며 지압을 해주면 피로가 풀리며 중풍이 예방되며 우리 몸의 각 장기들이 강화된다.

7. 배와 팔다리를 두드려라!

배와 팔다리를 약간 아플 정도로 자주 두들기면 소화가 잘 되며, 피곤이 풀리고 양 무릎을 두 손으로 두드리면 관절에 좋다.

8. 잇몸을 마사지 하라! (고치법)

손가락 4개로 잇몸을 약간 누르며 비비주고 마사지 한다.

이와 이 사이를 탁탁탁 위아래로 부딪쳐 주는 것이 치아를 건강하게 만드는 방법이다.

9. 귀를 위아래 옆으로 당기고 위아래로 비벼라!.

귀를 위아래 옆으로 당기고 위 아래로 당기는 것이 건강에 좋습니다. 식욕을 억제, 비만을 예방, 치료에 좋다. 장기에도 좋다는 보고가 있다.

10. 얼굴을 자주 두드려라! (고타법)

손가락 끝으로 조금 아플 정도로 얼굴을 자주 두드리면 혈관이 활성화되어 혈압, 동맥경화 등의 치료를 도우며 혈색이 좋아져 건 강하게 보인다.

코 바로 밑에 인중이라고 해서 홈이 파진 곳 을 두 번째 손가락 으로 지그시 누르고 또 자주 문질러 주는 것도 큰 효과가 있다.

11. 곡도를 훈련하라!

곡도는 항문을 말한다.

대변을 본 후 샤워기로 항문을 깨끗이 한다. 항문을 오므리고 당겨주고 풀어주는 훈련을 꾸준히 하면 건강해진다.

12. 박수를 쳐라!

건강 박수를 치면 한 번 칠 때 마다 약 4천 개의 건강한 세포들이 생겨납니다.

13. 발을 마사지하라!

심신의 피로를 풀기 위해 발바닥을 주먹으로 치고 발가락을 전후좌우로 돌리고 비틀며, 발가락 사이를 지그시 약간 아플 정도로 눌러 마사지를 한다. 또는 발바닥을 엄지손가락으로 지그시 이 곳 저 곳을 눌러 지압하면 숙면에 좋다.

14. 건강을 위한 스트레칭을 하라!

아침 잠자리에서 일어나면 두 팔을 들어 깍지를 끼고 온몸을 쭉

뻗어 좌로 비틀어 좌우 앞뒤 서너 번씩 반복하여 스트레칭을 하면
온몸 근육이 강화되며 신체에 활력을 느끼게 된다.

15. 걷고 자주 뛰어라!

운동 중에 가장 간편하고 좋은 것은 걷거나 뛰는 것이다. 거동이
불편한 사람도 처음엔 가볍게 걷거나 뛰거나 하여 건강을 회복하는
데 도움을 받은 사람들이 있다.

16. 편식은 피하고 적게 먹어라!

의학의 아버지 히포크라데스는 음식으로 못 고치는 병은 약으로
도 못 고친다고 할 정도로 음식 섭취는 중요하다.

육류는 피하되 야채와 과일 등 골고루 먹는 것이 건강에 좋다.

미국의 한 보고에 의하면 채식주의자는 동·식물성, 잡식성에
비해서 암 사망률이 39%나 낮았다고 한다.

17. 물을 자주 마셔라!

생수를 마시면, 혈액순환 촉진되며, 노폐물이 분비되고, 세포의
신진대사와 모관 작용이 촉진되며, 신장과 간장의 세척 작용이 원
활해진다. 물을 마시지 않는 사람은 신진대사가 저하되고 노폐물이
축적되어 노화가 촉진된다.

18. 부부생활은 건강에 좋다!

사랑 받고 나누는 세포들은 암까지 이길 수 있다고 할 정도로 한 번 사랑을 나누면 72시간 동안 모든 세포가 활발하게 병균과 싸워 이긴다고 한다.

부부가 서로 사랑할 때, 프로스타그란딘이란 물질이 분비되어 몸에 해로운 활성산소를 없애고 혈관 확장, 심근경색, 뇌경색을 치료, 정신분열증이나 치매에도 도움이 된다고 한다.

19. 충분히 휴식하라!

건강에 좋은 수면 시간은 7시간이라고 한다.

10시나 11시에 자고 새벽에 일어나 산책이나 조깅을 통해 건강하게 하루를 시작하는 것이 좋다.

20. 두뇌훈련을 하라!

미네소타 의과대학 신경과학과 교수인 김대식 박사는 "뇌를 알면 놀면서도 1등 하는 방법이 있다."고 했는데 그가 말하는 두뇌훈련 방법은 다음과 같다.

- 연결시켜 기억하라!

  새 정보와 이미 알고 있던 정보 사이에 연결고리를 연상하도록 하라는 것.

- 양손을 사용하라!

  뇌는 서로 비슷하게 생긴 오른쪽 뇌와 왼쪽 뇌로 나눠져 있기 때문에 양손을 사용한다면 뇌를 균형적으로 발달시킬 수 있다.

- 잠자기 직전에 공부하라!

  잠자기 전, 꿈꾸기 전에 외운 것이 더 잘 기억된다.

- 암기하지 말고 이해하라!

  인간의 뇌는 주변 환경을 분석하고 이해하면서 작용하도록 진화해왔기 때문에 뭔가를 배우려면 이것을 왜 배우고 공부해야 하는지 뇌에게 잘 '설명'해야 좋은 결과를 얻을 수 있다.

- 오래 사귈수록 나쁜 게 TV다!

  텔레비전은 한꺼번에 방대한 양의 정보를 주기 때문에 뇌가 정보를 수동적으로 받아들이게 된다. 문제는 이것이 반복되다 보면 나중에 뇌가 새로운 정보를 능동적으로 얻고 처리하는 데 방해가 되는 것이다. 2~3시간 동안만이라도 텔레비전을 켜지 않으면 전과는 다르게 머리가 좋아진 것을 느낄 수 있다.

- 일상적인 것에 반대하라!

  우리의 뇌는 변화를 즐기므로 틀에 박힌 단조롭고 변화가 없다는 것은 뇌가 싫어한다.

- 여행하라!

  여행은 뇌를 재충전하고 깨어있게 하는 좋은 방법이다. 이국적인 곳을 여행할수록 풍부한 자극을 경험하게 돼 더욱 좋다. 여행은 뇌의 환경이 결정되는 12세 전후가 지나기 전에 할수록 좋으며 새로운 장소나 다양한 인종, 이국적인 음식들을 접하면 뇌의 활동에 도움이 된다.

- 새로운 것을 먹어라!

늘 먹던 음식보다는 한 번도 먹지 못했던 다른 나라 음식은 뇌에 새로운 자극을 줘 일상생활에 지쳐 있는 머릿속을 상쾌하게 만들어준다.

• 도전하고 배워라!

뇌는 도전을 즐긴다. 새로운 외국어를 배우거나 붓글씨를 써 보거나, 모형비행기를 조립하거나, 도자기를 만들거나, 그림을 그리거나, 무엇이라도 좋다.

• 남들 따라 하지 마라!

뇌는 도전을 좋아하는 동시에 다른 것을 잘 따라한다는 특성도 가지고 있다. 하지만 뇌가 배우고 기억하는 능력을 높이기 위해서는 다른 사람과 같아지려 하는 뇌의 명령을 거부해야 한다.

21. 크게 웃어라!

크게 소리 내어 웃으면 건강에 아주 좋다. 그냥 즐겁지 않아도 손바닥을 치며 소리 내어 웃으면 즐거워서 웃을 때의 98%까지 효과가 있다한다.

세계 여러 곳에 웃음치료Laugh-Theraphy하는 곳들이 생겨나고 있는데 미국 덴버에서 관절염으로 온몸이 심하게 틀어진 사람도 의도적으로 웃으며 치료를 시도한 결과, 팔다리와 관절이 회복되었다고 한다.

22. 감사의 마음으로 일하라!

어떤 일이든 감사한 마음으로 살라.

삶을 살아가는 성실한 태도는 자신을 행복하고 건강하게 해준다. 행복한 자신이 남에게 행복을 전하려면 매사에 감사하는 마음으로 주어진 일을 즐거운 마음으로 임해야 가족과 친구들을 행복하게 해줄 수 있음을 기억하라.

내가 무엇을 할 때가 가장 가슴이 설레고 즐거웠는지 생각해보라. 좋아하는 일, 즐거운 일, 가슴 뛰는 일을 했을 때 행복과 건강이 같이 온다.

23. 긍정적인 마음으로 살아라!

장수마을에 갔더니 106세 어르신이 계셨습니다.

"장수 비결이 뭡니까?"

"안 죽으니깐 오래 살지!"

"올해 몇 살이세요?"

"다섯 살밖에 안 먹었어."

"네? 무슨 말씀이신지……."

"100살은 무거워서 집에다 두고 다녀."

낙천적이고 긍정적인 생각이 장수의 비결이란 얘기다.

나의 사업의 성공은 유머리더십이었다.

영국작가인 스위프트는 나태하고 게으른 하인 때문에 몹시 스트레스를 받고 있었다. 아무리 타이르고 잔소리를 해도 하인의 버릇은 도저히 고쳐지지 않았고 갈수록 나태해질 뿐이었다. 한번은 스위프트가 하인을 데리고 마차를 몰고 며칠간 먼 길을 여행하고 있을 때였다.

외딴 도시에 도착하여 호텔에서 하루를 쉬고 또다시 길을 떠나려고 하는데 마차바퀴에 어제 묻은 진흙이 그대로 붙어있는 것을 보고 스위프트는 순간 화가 머리끝까지 치밀었다.

"뭐야? 어제 마차바퀴에 묻은 진흙을 깨끗이 닦으라고 몇 번이나 말했는데 왜 아직 닦지 않은 거지?"

이에 게으른 하인은 즉시 주인에게 말대꾸를 하였다.

"주인님, 어차피 또 더러워질 텐데 꼭 닦을 필요가 있겠습니까?"

스위프트는 어이가 없고 기가 막혀 더 이상 대꾸 하고 싶지 않았다.

"그렇군. 자네 말이 옳을지도 모르지. 어서 길이나 떠나세."

"주인님, 아직 아침 식사도 안 했잖아요?."

그러자 스위프트가 무슨 말을 하냐는 표정으로

"아침식사를 꼭 해야 할 필요가 있나? 어차피 또 배고파질 텐데, 그냥 떠나지 뭐."

스위프트는 기발한 재치로 큰 소리 내지 않고 하인의 버릇을 간단히 고칠 수 있었다.

이것이 바로 유머리더십이다.

짜증내고 화를 내고 상대방에게 직설적으로 잘못을 지적하고, 원망하고 남의 탓으로 돌리고, 인격을 무시하는 것은 유머리더십이 아니다. 리더가 아니라 아주 속이 좁고 이해심도 없는 하수의 모습이라고 할 수 있다.

세계적으로 이름난 분들이 유머를 즐긴 예를 통해서 유머리더십의 필요성을 절실히 깨달은 내가 유머를 하기까지 난 이러한 유머를 외우고 수집하기를 게을리하지 않았다. 외우고 적고 적은 것을 즉시 남들에게 활용해 보고, 그야말로 내 나름대로의 노력과 노하우가 있었다. 유머를 잘할 수 있는 방법은 이 책에도 자세히 썼지만

나의 경우는 내 스타일에 맞게 각색하고 표정 행동까지 첨가시켜서
재미를 더했다. 때로는 망가지기를 서슴지 않기도 했다. 어느 순간
내 유머리더십은 서서히 빛을 발하기 시작했다. 가장 기억에 남는
몇 가지의 예를 든다면, 다음과 같다.

- 미국의 프로세일즈맨 폴 마이어가 어느 최고경영자를 일방적으로 공략하다가 수시로 비서의 저지를 받자, 어느 날 멋지게 리본을 맨 최상의 고급 상자를 준비해서 '사장친전'으로 발송하였다. 그 속에는 이런 편지가 들어 있었다. "저는 하늘에 계신 하나님도 매일 만나고 있지만, 어째서인지 사장님을 만나기는 이토록 힘이 들까요?" 이에 그는 사장의 부름을 받을 수 있었고, 사장을 평생고객으로 삼게 되었다.

- 변호사 시절부터 자기 구두를 직접 닦는 버릇이 있었던 링컨 대통령. 백악관에 들어가서도 이 버릇은 계속 되었는데. 어느 날 참모들이 조심스럽게 말을 꺼냈다. "어떻게 각하가 직접 구두를 닦으십니까?" 이에 대통령의 대답, "그럼 미국 대통령이 남의 구두를 닦아주란 말인가!"

- 남아프리카공화국은 금 수출 주요국가다. 아틀랜타 올림픽에서 남아프리카공화국 선수들이 금메달을 따오자 당시 만델라 대통령은 말했다. "우리가 수출한 금을 되찾아 와서 매우 기쁘다."

- 캐네디 대통령은 선거전에서 존슨측이 "대통령은 백발이 좀 있는 사람이어야 한다."고 짧은 경험을 공격해 오자 "대통령에게 중요한 것은 머리카락이 아니라 머릿속이다." 라고 맞받아쳤다.

- 마하마트마 간디는 "유머를 몰랐다면 나는 아마 자살했을 것이다."라고 말할 정도로 유머를 즐긴 사람이었다.

만델라, 간디, 링컨, 이상재 선생은 어려움을 유머로 극복한 사람들이다. 굳센 의지와 투쟁정신 외에 세상을 움직이는 더 큰 힘은 사고의 유연성이며 상대방에 대한 배려와 사랑이다.

내가 아는 바 유머는 유머를 구사하는 사람을 매력적으로 만들 뿐 아니라 상대와 서먹한 분위기를 친밀하게 만든다. 내가 주변에 많은 사람과 친근하게 된 것도 생각해보면 유머 덕분이었던 것 같다. 내가 원장이라고, CEO라고 무게만 잡고 있었다면 아마도 난 혼자 고독을 맛보며 독불장군처럼 나갔을지도 모른다. 유머는 휴머니즘을 바탕에 깔고 있어서인지 인간미를 느끼게 해주었고 남을 낮게 보지 않고, 존중해주는 인간적인 면, 남이 나를 공격하더라도 허허 웃으며 받아넘기면서도 할 말은 따끔하게 해주는 여유를 배우게 해주었다. 휴머니스트만이 유머리스트가 될 수 있다고 했던가?
나는 유머리스트이며, 휴머니스트다. 아마도 나처럼 유머를 사랑하고 즐기는 사람도 드물 것이라고 생각한다.

웃으면서, 여유롭게 상대의 감성을 자극하고 스스로 깨닫게 하는 것이 유머리더십라면 나는 또한 유머리더십의 필요성을 절실히 느끼고 실천하는 리더라고 자부한다. 리더가 웃으면 조직은 반드시 산다. 또한 조직이 살면 생산성은 향상되고 결국 내가 사는 길이다. 내 사무실에 와보신 분들은 아시겠지만 우리 회사는 모든 직원이 다 웃고 하루를 시작한다. 내가 스스로 마음을 열고 웃기 때문에 가능했던 일이다.

직원이 다 퇴근하고 나서도 나는 새벽 2시에나 퇴근을 한다. 하루 일과를 정리하면서 리더로서 나의 행동을 되돌아보고 어떻게 하면 직원들이 웃으면서 일할 수 있을까를 고민한다. 그 덕분인지 직원들은 어렵고 힘든 상황에서도 얼굴 한번 찡그리지 않고 회사를 위해 애써주었다. 내가 이 책을 준비한다고 했을 때 많은 분들이 좋은 자료라고 보내주셨다. 내가 바라는 것은 오직 하나, 내 유머에 즐겁게 웃어주시던 분들이 이 자료를 함께 즐기고 유머를 익혀서 웃음이 필요한 곳곳에 씨앗을 뿌리듯 전해주었으면 하는 것이다. 많은 분들과 함께 웃고 싶어 준비했지만 막상 책으로 나온다고 하니 부끄러운 마음이 먼저 든다. 재미가 있으나 없으나 내가 말하면 같이 웃어 주신 분들께 이 자리를 빌려 감사의 마음을 전한다. 끝으로 달마다 오는 책에 있던 좋은 글을 공감 하실 듯 싶어 옮겨 본다.

웃는 연습을 하라 인생이 바뀐다

웃음에 대한 한국인의 해부학적인 단점은 연습으로 충분히 극복될 수 있다고 전문가들은 말한다. 웃음은 타고난 것이 아니라 연습이고 습관이라는 것이다. 따라서 평소 꾸준히 연습하면 누구나 자연스럽게 웃는 표정을 지닐 수 있다고 한다.

우리 뇌에는 웃는 입 모양을 식별하는 전용시스템이 존재하는데 이것을 가장 쉽게 자극할 수 있는 방법이 입 꼬리를 위로 올려서 웃는 것이라고 한다. 이렇게 입모양만 바꾸어서 일부러 웃는 표정을 지어도 뇌는 이것을 실제로 웃는 것으로 판단하게 되고 우리 몸에 이로운 반응을 일으킨다. 입 꼬리를 당기고 내리는 근육의 신경이 뇌를 자극해서 면역력을 높여주는 호르몬을 분비시키기 때문이다.

말기 암 시한부 3개월의 절망 속에서 웃음으로 활력을 되찾은 김상태 목사의 사례는 우리에게 많은 것을 느끼게 해준다.

웃음으로 활기를 얻는 것은 비단 우리의 육체만이 아니다.

스트레스에 찌든 우리의 마음도 웃음으로 잠시나마 위안을 얻고 또 다른 도전을 준비할 힘을 얻게 된다.

신이 인간에게만 준 선물, 웃음.

오직 우리 사람들만이 누릴 수 있는 그 특권을 마음껏 즐기자.

멋진 우리의 인생을 위해서!

– 좋은 글 중에서

참고도서

01. 이상헌의 종교신문

02. 김진배원장의 유머관련도서 참고

03. 웃음건강학 – 메르헨

04. 인터넷 자료 – 야후발췌

05. 논문 – 레포트월드 (유머소구광고 – 박인옥석사논문)

06. 웃음의 힘 – 고즈원

07. 유머한마디 – 창성출판사

08. 김영식의 펀펀한 세상

09. 유머로 리드하라 – 박인옥

10. 유머경영에 관한 기타자료

11. 유머 관련 논문

12. 블로그, 카페자료인용

13. 임붕영교수의 유머경영

14. 김성진 (브레인월드)웃음으로 뇌를 밝혀라

15. 기타 웃음에 관련된 인터넷 자료 중 기사화된 내용 인용출처 안 나옴

16. 김태옥님의 책 인용

성공한 내 모습을 상상하라

정문섭 지음 | 신국판 | 값 15,000원

서울시장을 역임하고 민선 충청북도지사를 재선한 후 아름다운 퇴장을 선택한 이원종 지사, 최초의 민간인 출신 한국거래소 김봉수 이사장, 전 세계 마그넷 시장을 석권한 (주)자화전자 김상면 대표, 초우량 반도체회사를 일군 (주)세미텍 김원용 대표, 암연구 분야의 세계적 권위자 박재갑 국립암센터 초대원장, 국내 정크아트를 개척한 (주)정크아트 오대호 대표. 끊임없는 노력과 명쾌한 목표의식으로 성공에 이른 여섯 주인공의 치열한 생애를 살펴본다.

독일 1등 뉴스 타게스샤우

신창섭 지음 | 국판 | 값 15,000원

공영은 다수를 위한 방송이다. 이는 너무나도 당연한 명제이다. 그러나 요즘 우리의 현실은 이 당연한 사실을 망각하고 있다. 공영방송이 외부의 힘에 마구 흔들리느라 자신의 위치를 찾지 못하고 있는 것이다. 세계에서 신뢰받는 독일 1등 뉴스 타게스샤우를 살펴보자. 그리고 그에 못지 않은 우리 공영 방송의 윤리를 회복시키자. 우리는 더 나은 뉴스를 볼 권리가 있다.

대한민국 상위 0.1%의 자식교육

이규성 지음 | 신국판 | 값 15,000원

그간 외부에 드러나지 않았던 명문기업가의 자식교육 비법을 파헤친다. 최고의 자리에 올라 기업을 이끄는 선두리더가 되기 위해 그들은 부모로부터 무엇을 배웠으며, 또 후대의 자식들에게는 어떤 것을 가르치는지를 심층적으로 추적한 이 책은 현재 대한민국을 대표하는 기업 삼성, 현대, LG, SK, 롯데, 한화, 두산, 효성, 코오롱, 대림, 동원, 배상면주가, 샘표식품, 에이스침대, 안철수 연구소의 존경받는 리더들이 어떻게 완성되었는지를 알려준다.

그래도 돈 주는 놈이 낫다

나희 지음 | 신국판 | 값 11,000원

돌이킬 수 없는 실수와 선택, 끝나지 않는 악순환의 반복, 언제든 떠날 수 있는 불확실한 관계. 전자책으로 데뷔한 작가 '나희' 의 첫 출간 소설집!
e-book 시장에서 열렬한 사랑을 받았던 그녀의 소설을 이제 실물 도서로 만난다.

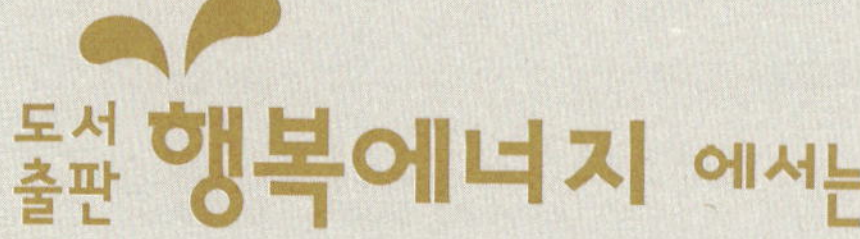

도서출판 행복에너지 에서는

출판 및 기타 홍보물을 의뢰받아
기획 디자인 제작대행 해드리고 있습니다

● **제작 · 대행 업무**

출판 Publishing _ 자서전, 전기, 소설, 시집, 사보, 회사 연감

편집디자인 Editorial Design _ 브로슈어, 팜플랫, 카달로그, 리플릿, 회사 소개서

그래픽디자인 Graphic Design _ C · I (회사심벌), B · I (제품심벌)

● **출판제작과정**

출 판 제 작 과 정
1. 주문의뢰
2. 고객과의 디자인 방향 협의
3. 제품시안 제시 및 반복 수정 작업
4. 고객님의 최종 결정
5. 제품 제작 및 자료 전송

※ 특수 주문에 따라 일부변동 가능

www.Happybook.or.kr
☎ 0505-666-5555